Nachhaltig lecker!
Das Ernährungshandbuch

Gesund, umweltfreundlich und fair: Die besten Tipps und Ideen für mehr Klimaschutz beim Essen und eine grüne Zukunft

Mit 32 saisonalen Rezepten

NACHHALTIG LECKER!

DAS ERNÄHRUNGSHANDBUCH

Gesund, umweltfreundlich und fair:
Die besten Tipps und Ideen für mehr Klimaschutz
beim Essen und eine grüne Zukunft

GreenLeafy

1. Auflage

ISBN: 978-3-00-067181-4

Haftungsausschluss
Alle Angaben, Rezepte, Tipps und Ernährungsempfehlungen in diesem Buch wurden nach bestem Wissen erstellt. Für die Richtigkeit und Vollständigkeit der Rezepte und Informationen kann jedoch keine Haftung übernommen werden. Des Weiteren wird keine Haftung übernommen für Schäden materieller, körperlicher oder ideeller Art, die durch die Nutzung oder Nichtnutzung der Informationen bzw. durch die Nutzung fehlerhafter und/oder unvollständiger Informationen verursacht wurden. Die Benutzung dieses Buches und die Umsetzung der darin bereitgestellten Informationen erfolgt ausdrücklich auf eigenes Risiko. Die enthaltenen Anwendungen und Rezepte bieten zudem keinen Ersatz für eine therapeutische oder medizinische Behandlung. Im Zweifelsfall sollte ein Arzt kontaktiert werden.

INHALT

EINLEITUNG

„Du bist, was du isst!" Diesen Spruch hast du wahrscheinlich bereits das ein oder andere Mal gehört. Und es stimmt: Denn mit deiner Nahrung kannst du dein körperliches und mentales Wohlbefinden maßgeblich steuern. Mit den richtigen Lebensmitteln steigerst du nicht nur deine Leistungsfähigkeit und hältst deinen Körper gesund, sondern beeinflusst auch deine Stimmung positiv. Gleichzeitig erreichst du durch ungesunde Lebensmittel häufig genau das Gegenteil. Du fühlst dich müde und antriebslos und auch deine Gedanken sind eher negativ geprägt.

Eine gesunde und nachhaltige Ernährung liegt derzeit voll im Trend. Immer mehr Menschen ist eine bewusste Ernährung wichtig. Viele gehen dabei direkt in die Extreme und stellen ihre Ernährung komplett auf eine vegane Kost um. Doch du musst dich nicht ausschließlich vegan ernähren, um eine gesunde und nachhaltige Ernährungsweise in deinen Alltag zu integrieren. Eine bewusste Ernährung ist darüber hinaus viel mehr als nur ein Trend. Es ist eine Lebenseinstellung. Eine Entscheidung, die du für dich und deine Umwelt triffst. Dabei geht es nicht um Perfektion, sondern darum, dass du mit einfachen Tipps und Tricks deine Ernährung und dein Leben so weit umstellst, dass sie einen positiven Effekt auf deine Gesundheit, dein Wohlbefinden und die Umwelt haben.

Das Grundkonzept dieses Buches basiert auf dem Clean Eating Prinzip. Das Prinzip stammt aus den USA und kann bei uns mit einer gesunden und vollwertigen Ernährung gleichgesetzt werden. Beim Clean Eating werden vorrangig frische und unverarbeitete Lebensmittel verzehrt und gleichzeitig auf künstliche Zusatzstoffe verzichtet. Zudem schließt es den Verzehr von regionalen und saisonalen Lebensmitteln ein. Damit erweitert es die gesunde vollwertige Ernährung um den Aspekt der Nachhaltigkeit. Tierische Produkte dürfen ebenfalls konsumiert werden, sollten aber auf ein gewisses Maß reduziert werden und dazu aus biologischer Herstellung stammen.

Viele Menschen verbinden mit einer gesunden Ernährung häufig Geschmacklosigkeit und Langeweile. Doch eine gesunde Ernährung ist alles andere als langweilig. Durch die Kombination von verschiedenen, frischen Lebensmitteln werden die Mahlzeiten abwechslungsreich und vielfältig gestaltet. Zudem weckt es die Experimentierfreude. Denn beim Clean Eating steht selbst kochen auf dem Speiseplan. Hier sind deiner Fantasie keine Grenzen gesetzt und du kannst regelmäßig neue Gerichte und Geschmacksrichtungen ausprobieren.

Im ersten Kapitel dieses Buches dreht sich alles um die gesunde Ernährung. Wie setzt sich der persönliche Kalorienbedarf zusammen und wodurch wird er beeinflusst? Was macht eine gesunde Ernährung aus und wie kannst du dich ausgewogen ernähren? Mehrere kleine Mahlzeiten gehören ebenfalls zum Konzept des Clean Eating. Dadurch wird der Stoffwechsel auf einem stabilen Niveau gehalten und gefürchteten Heißhungerattacken vorgebeugt. Darüber hinaus betrachten wir noch einige No-Gos, die bei einer gesunden Ernährung total fehl am Platz sind und deshalb grundsätzlich gemieden werden sollten.

Im nächsten Kapitel schauen wir uns einmal genauer an, wie sich eine nachhaltige Ernährung im Alltag umsetzen lässt. Ein wichtiger Bestandteil der nachhaltigen Ernährung ist die Saisonalität und Regionalität. Durch den Verzehr von regionalen und saisonalen Lebensmitteln können lange Transportwege eingespart werden. Dazu sind diese Produkte in der Regel gesünder, was mit einem höheren Vitamingehalt zusammenhängt. Auch durch die Selbstversorgung kannst du deinen ökologischen Fußabdruck minimieren. Wir zeigen dir hier ein paar einfache Methoden, wie du die Selbstversorgung in deinen Alltag integrieren kannst – auch ohne Garten. Bio- und Fair-Trade-Siegel gewinnen immer mehr an Bedeutung bei den Konsumenten. Doch was bedeuten die einzelnen Siegel und wofür stehen sie? Wir betrachten die Siegel einmal genauer und bringen ein bisschen Licht ins Dunkle. Zu einer nachhaltigen Ernährung gehört auch, dass wir tierische Produkte reduzieren. Tierische Produkte haben einen massiven Einfluss auf unsere Umwelt. Wenn jeder seinen Konsum reduzieren würde, könnte die Umwelt erheblich entlastet werden. Auch Plastik belastet unsere Umwelt und sollte so wenig wie möglich zum Einsatz kommen. Wir zeigen dir hier ein paar tolle Alternativen zu Plastikprodukten, sodass dir die Umstellung kinderleicht gelingt. Der letzte Aspekt dieses Kapitels behandelt die Lebensmittelverschwendung. Pro Jahr werden Unmengen an Lebensmittel weggeworfen und wir haben mit unserem Verhalten einen großen Einfluss darauf. Das bedeutet aber auch, dass wir der Lebensmittelverschwendung aktiv entgegenwirken können.

Das dritte Kapitel soll dir eine große Bandbreite an Lebensmittelwissen vermitteln. Die verschiedenen Lebensmittel bestehen aus unterschiedlichen Nährstoffen, die unser Körper zur Aufrechterhaltung aller wichtigen Körperprozesse benötigt. Wir betrachten die einzelnen Nährstoffe einmal genauer. Dazu zählen die drei Makronährstoffe Kohlenhydrate, Fette und Proteine sowie die verschiedenen Vitamine und Mineralstoffe. Darüber hinaus haben wir eine Übersicht der wichtigsten, gesunden und nährstoffreichen Lebensmittel zusammengestellt. Die Versorgung mit allen lebensnotwendigen Nährstoffen kann generell nur durch eine ausgewogene Ernährung sichergestellt werden. Diese besteht zu einem großen Teil aus Obst und Gemüse. Doch was macht Obst und Gemüse eigentlich so gesund und wie wirken sie sich in unserem Körper aus? Dazu betrachten wir einzelne Obst- und Gemüsesorten einmal genauer und schauen, wo sich welche Nährstoffe verstecken. Weiterhin stellen wir dir kleine Powerpakete in Form von Nüssen, Samen und Kernen vor. Diese überzeugen nicht nur durch ihre gesunden Fette, sondern auch durch ihre verhältnismäßig hohe Energiedichte. Abschließend stellen wir dir noch leckere Alternativen zu den bekanntesten Superfoods und dem herkömmlichen Haushaltszucker vor. Regionale Superfoods sind nicht nur günstiger, sondern auch wesentlich nachhaltiger und haben die gleichen Nährstoffe wie ihre exotischen Freunde. Da Zucker bei einer gesunden Ernährung tabu ist, haben wir dir außerdem einige Zuckeralternativen zusammengestellt, auf die du bedenkenlos zurückgreifen kannst, wenn du deine Speisen süßen möchtest.

Im vierten Kapitel erfährst du, welchen Einfluss ein gesunder Lebensstil auf dein Wohlbefinden hat. Ein wichtiger Bestandteil sind natürlich Sport und Bewegung. Durch Sport kannst du nicht nur Fett ab- und Muskeln aufbauen, sondern du stärkst auch dein Immunsystem. Ferner steigert Sport dein Glücksempfinden. Auch ausreichend Ruhe und Entspannung haben eine wichtige Bedeutung für einen gesunden Lebensstil. Stress wirkt sich negativ auf deine geistige und körperliche Gesundheit aus. Regelmäßige Auszeiten senken den Stresspegel und steigern dadurch dein Wohlbefinden. Daneben solltest du täglich viel Zeit an der frischen Luft und in der Sonne verbringen sowie viel Wasser trinken. Zu guter Letzt tauchen wir in die Welt der Achtsamkeit ab. Durch achtsames Essen sind wir vollkommen präsent im Hier und Jetzt und konzentrieren uns einzig und allein auf das Essen. Das soll dir helfen, zu deinem intuitiven Körpergefühl zurückzufinden und dein Essen wieder mehr wertzuschätzen.

Im abschließenden Teil dieses Buches haben wir dir einige Rezepte zum Nachkochen zusammengestellt. Die Rezepte richten sich ebenfalls nach dem Konzept der Saisonalität und sind jeweils in Winter-, Frühlings-, Sommer- und Herbstgerichte unterteilt.

Wir wünschen dir viel Spaß mit diesem Buch und hoffen, dass wir dir eine gesunde und nachhaltige Ernährungsweise schmackhaft machen können!

GESUNDE ERNÄHRUNG UND CLEAN EATING

Eine gesunde Ernährung sowie das Clean-Eating-Konzept bestehen aus einer vollwertigen und ausgewogenen Ernährung. Es dürfen hier, anders als bei einer Diät oder einer bestimmten Ernährungsweise wie der vegetarischen oder veganen Ernährung, alle Lebensmittel verzehrt werden. Voraussetzung ist, dass die Lebensmittel frisch und unverarbeitet sind und keine unnötigen Zusatzstoffe enthalten. Eine gesunde Ernährung basiert auf vielen verschiedenen Lebensmitteln, die nach Möglichkeit bei jeder Mahlzeit miteinander kombiniert werden sollten, um den Nährstoffbedarf des Körpers optimal zu decken. Einen Großteil davon sollten Obst und Gemüse sowie Vollkorn- und Milchprodukte ausmachen. Ergänzt wird die Ernährung durch gesunde Fette, Fisch, Fleisch, Eier und Hülsenfrüchte. Dadurch bekommt der Körper alles, was er benötigt, um sein volles Potenzial entfalten zu können. Dies wird sich langfristig positiv auf deine Gesundheit auswirken, sodass viele Zivilisationskrankheiten wie Diabetes, Herz-Kreislauf-Erkrankungen, Bluthochdruck etc. gar nicht erst entstehen können.

Persönlicher Kalorienbedarf

Der Kalorienbedarf beschreibt, wie viel Energie pro 1 Gramm zugeführtem Nährstoff verbraucht wird. Dieser Verbrauch wird in Kilokalorien oder Kilojoule angegeben. Zur groben Orientierung kann man sagen, dass Männer rund 2.000-2.500 kcal pro Tag benötigen. Frauen haben einen etwas geringeren Bedarf und liegen durchschnittlich zwischen 1.800-2.000 kcal pro Tag. Jeder Mensch hat allerdings einen eigenen Kalorienbedarf, der sich individuell zusammensetzt. Dabei spielen das Alter, das Geschlecht, die Größe, der Fett- und Muskelanteil und die Menge an täglichen Aktivitäten eine Rolle.[1]

Das Grundschema bleibt dabei aber immer gleich. Der Kalorienbedarf setzt sich wie folgt zusammen:

Resting Metabolic Rate: Das ist unser Grundumsatz. Es bezeichnet die Energie, die wir verbrauchen, ohne dass wir uns körperlich betätigen.

Thermic Effect of Food: Dieser bestimmt die Energie, die unser Körper braucht, um unsere Nahrung zu verdauen und zu verstoffwechseln.

Thermic Effect of Activity: Das ist die Energie, die unser Körper für sportliche Aktivitäten benötigt.

Non Exercise Activity Thermogenesis: Beschreibt die Energie, die wir für alle anderen Bewegungsabläufe benötigen. Dazu gehört zum Beispiel die Arbeit oder Haushaltsarbeiten.

Unser Kalorienverbrauch ist also eine Kombination aus unserem Grundumsatz und unserem Leistungsumsatz.

▶ Resting Metabolic Rate

Die Resting Metabolic Rate symbolisiert unseren Grundumsatz. Der Grundumsatz ist die Energie bzw. sind die Kalorien, die wir verbrauchen, ohne dass wir uns bewegen. Zum Beispiel wenn wir nur im Bett liegen würden. Der Grundumsatz ist dementsprechend die Energie, die wir benötigen, um alle überlebenswichtigen Funktionen zu sichern. Dazu zählen unsere Atmung, unser Immunsystem, der Blutkreislauf, aber auch unsere Gehirnfunktionen. Er beträgt ungefähr 60-80 % unserer gesamten Energie und hat daher eine hohe Bedeutung. Im Schnitt liegt der Verbrauch des Grundumsatzes bei ungefähr 200 kcal. Je nach Mensch ist dieser Energiebedarf etwas höher oder niedriger. Durch Aktivitäten können wir unseren Energiebedarf erhöhen. Menschen mit viel Muskelmasse haben ebenfalls einen etwas höheren Grundumsatz, da Muskeln mehr Energie verbrennen als Fett.

▶ Thermic Effect of Food

Der Thermic Effect of Food bestimmt die Energie, die wir verbrauchen, um unsere Nahrung zu verdauen und zu verstoffwechseln. Jede Form der Nahrung erzeugt Energie und macht insgesamt bis zu 10 % unseres gesamten Kalorienbedarfes aus. Proteine haben dabei einen gesonderten Stellenwert, da sie besonders viel Energie benötigen, um verbrannt zu werden. Gleiches gilt auch für Obst und Gemüse sowie Vollkorngetreide und Hülsenfrüchte. Sie enthalten viele Ballaststoffe, haben dadurch ebenfalls einen hohen Energiebedarf.

▶ Thermic Effect of Activity

Dieser Begriff zeigt den Energieverbrauch bei sportlicher Betätigung an. Bewegen wir uns viel und treiben Sport, haben wir einen höheren Energieverbrauch als Menschen, die den ganzen Tag nur sitzen. Bewegung ist also die einfachste und beste Methode, um Kalorien zu verbrennen und Fett abzubauen. Dennoch sollte immer auch auf eine gesunde Ernährung geachtet werden. Denn Sport ist immer mit mehr Aufwand verbunden als das reine Essen. So sollten wir zwar regelmäßig Sport treiben, um unseren Kalorienbedarf zu senken, gleichzeitig aber auch darauf achten, dass wir anschließend nicht wieder zu viele Kalorien zu uns nehmen. Dadurch würde eine Patt-Situation entstehen, die einen positiven Effekt verhindert. Nichtsdestotrotz steigert sich unser Energiebedarf durch sportliche Betätigung. Wir dürfen unseren Körper also auch nicht zu wenig Energie zuführen, da dies sonst den Stoffwechselprozess verlangsamen würde, was wiederum einen gegenteiligen Effekt zur Folge hätte.

▶ None Exercise Activity Thermogenesis

Hierunter fallen alle Bewegungen, die wir im Laufe des Tages ausführen, die jedoch nicht dem bewussten Sport zuzuordnen sind. Dazu gehört zum Beispiel die normale Arbeit, Haushaltstätigkeiten, stehen etc. Es ist ratsam, dass wir auch in unserem Alltag aktiv sind und nicht nur still auf dem Sofa sitzen, denn diese kleinen Aktivitäten summieren sich über den Tag verteilt und haben dadurch einen nicht unwesentlichen Effekt auf unseren Energieverbrauch. Versuche in deinem Alltag so aktiv wie möglich zu sein, um diese Energie zu nutzen. Stehe vielleicht öfter einmal bei deiner Arbeit auf und gehe ein paar Schritte. Oder gehe abends noch einmal eine Runde spazieren, bevor du dich auf das Sofa setzt.[2]

Neben dem Grund- und Leistungsumsatz spielt auch die Energiedichte von Lebensmitteln eine wichtige Rolle für den Kalorienbedarf. Die Energiedichte beschreibt das Verhältnis von Kalorien zur Menge der einzelnen Lebensmittel. Lebensmittel, die eine geringe Energiedichte besitzen, sind dabei immer vorzuziehen. Eine niedrige Energiedichte haben in der Regel Lebensmittel mit einem hohen Anteil an Wasser und Ballaststoffen. Sie haben im Vergleich weniger Kalorien, dafür aber mehr Nährstoffe. Produkte, viel Fett, Zucker und Stärke enthalten, haben dagegen eine hohe Dichte an Energie. Zum Vergleich: Weißbrot hat eher weniger Nährstoffe, aber verhältnismäßig viele Kalorien. Vollkornbrot hingegen hat wenig Kalorien, dafür aber viele Nährstoffe in Form von Ballaststoffen.[3]

Möchte man abnehmen, gilt grundsätzlich, dass man mehr Kalorien verbrennen muss, als man zuführt. Doch dabei darf man die Kalorien nicht zu sehr beschränken. Ist die Kalorienzufuhr zu niedrig, wechselt unser Stoffwechsel in den Hungermodus und verlangsamt sich dadurch. So wird kein Fett mehr verbrannt. Stattdessen wird die Muskulatur abgebaut, was den Grundumsatz senkt. Du solltest daher maximal 500 kcal von deinem normalen Kalorienbedarf abziehen. Dadurch ergibt sich dann zwar das gewünschte Kaloriendefizit, dein Körper hat aber immer noch genug Energie, um alle Stoffwechselprozesse am Laufen zu halten.[4]

Frische und unverarbeitete Produkte

Frische und unverarbeitete Lebensmittel bilden die Grundlage für eine gesunde Ernährung. Sie sind außerdem ein wesentlicher Bestandteil des Clean-Eating-Konzepts. Wenn du vorrangig frische und unverarbeitete Lebensmittel zu dir nimmst, vermeidest du automatisch ungesunde Zusatzstoffe wie Konservierungsmittel, Farbstoffe, Geschmacksverstärker und Aromen. Diese sind nicht nur schädlich für deinen Körper, sondern sie beeinflussen auch das Sättigungsgefühl und die Geschmackswahrnehmung. Dadurch essen wir häufig zu viel, da sich kein richtiges Sättigungsgefühl einstellt. Auch das Geschmacksempfinden kann sich auf lange Sicht verändern, sodass uns die frischen und unverarbeiteten Lebensmittel nicht mehr richtig schmecken. Hier müssen wir uns erst wieder Schritt für Schritt an den natürlichen Geschmack von Lebensmitteln gewöhnen. Viele geben an diesem Punkt auf und schlussfolgern, dass eine gesunde Ernährung langweilig schmeckt. Doch durchhalten lohnt sich: Haben sich unsere Geschmacksknospen nämlich erst wieder an den natürlichen Geschmack gewöhnt, werden wir mit einer hohen Geschmacksvielfalt belohnt und können die natürlichen Lebensmittel wieder wertschätzen.

Wenn du dir beim Einkaufen nicht sicher bist, ob bzw. welche Lebensmittel unverarbeitet sind, dann schau dir einmal die Zutatenliste an. Frische und unverarbeitete Lebensmittel haben von Natur aus keine Zutatenliste. Ist also keine Zutatenliste vorhanden oder diese nur sehr kurz, dann kannst du diese Produkte bedenkenlos kaufen. Dazu zählen natürlich in erster Linie Gemüse und Obst. Diese enthalten keine weiteren Zusatzstoffe. Vorausgesetzt natürlich, dass du diese in der Obst- und Gemüseabteilung einkaufst. Auch tiefgekühltes Obst und Gemüse zählen dazu. Diese wurden direkt nach der Ernte schockgefrostet und enthalten häufig sogar mehr

Vitamine als frisches Obst und Gemüse. Abstand solltest du hingegen von Obst und Gemüse aus Konservendosen und Gläsern nehmen. Hier sind häufig Zusatzstoffe enthalten, um die Lebensmittel länger haltbar zu machen.

Vollkornprodukte, Naturreis und Pseudogetreide sind ebenfalls kaum verarbeitet und haben dementsprechend auch keine wirkliche Zutatenliste. Sie gehören damit ebenfalls zu den Produkten, die du bedenkenlos kaufen und verzehren kannst. Das trifft auch auf Fleisch, Milchprodukte, Eier und Fisch zu, wenn du sie in ihrer ursprünglichen Form kaufst. Paniertes Fleisch oder panierter Fisch zählen also nicht dazu. Auch Wurst ist stark verarbeitet und sollte nicht auf deinem Speiseplan stehen. Bei Joghurt und anderen Milchprodukten solltest du nach Möglichkeit immer die natürliche Variante wählen. Fruchtjoghurt ist beispielsweise voll von Zusätzen wie Aromen und Zucker und gehört damit nicht zu einer gesunden Ernährung. Wenn du deinen Joghurt gerne mit Früchten isst, dann kannst du diesen ganz einfach selber herstellen, indem du ein paar Früchte pürierst und diese in einen Naturjoghurt rührst. Das geht schnell und ist eine tolle, gesunde Alternative. Beim Backen solltest du auf Weißmehl verzichten und dieses durch Vollkornmehl ersetzen. Auch wenn Weißmehl keine weiteren Zutaten enthält, gehört es zu den verarbeiteten Produkten. Vollkornmehl enthält hingegen noch alle wichtigen Nährstoffe und ist zudem reich an Ballaststoffen. Zucker sollte durch natürliche Süße wie Honig, Reissirup oder Datteln ersetzt werden.

Es empfiehlt sich immer, verschiedene Lebensmittel miteinander zu vergleichen. Einige enthalten mehr Zusatzstoffe als andere. Das trifft zum Beispiel auf die verschiedenen Milchalternativen zu. Hier unterscheiden sich die Zutatenlisten enorm. Einige enthalten nur 2-3 Zutaten, während andere eine ellenlange Liste an verschiedenen Zutaten haben. Entscheide dich dabei immer für die kürzere Variante.

Darüber hinaus solltest du nach Möglichkeit alle frischen Produkte saisonal und regional sowie in Bioqualität einkaufen. Dadurch enthalten sie nicht nur mehr Vitamine und Mineralien, sondern sie sind auch nachhaltiger. Du unterstützt damit die einheimischen Landwirte und setzt dich gleichzeitig für eine ethisch vertretbare Tierhaltung ein.

Der Einkauf von frischen und unverarbeiteten Lebensmittel bedeutet im gleichen Zuge natürlich auch, dass du diese selbst zubereiten musst. Auch wenn das auf den ersten Blick nach viel Arbeit und einem hohen Zeitaufwand aussieht, lohnt es sich, selbst am Herd zu stehen. Kochen macht nicht nur viel Spaß, sondern ist auch sehr viel gesünder. Hier bestimmst du selbst, welche Lebensmittel du verwendest und weißt stets, welche Zutaten in deinem Essen vorhanden sind. Wenn du keine Lust oder Zeit hast, jeden Tag frisch zu kochen, dann kannst auch vorkochen. Dadurch sparst du dir nicht nur jede Menge Zeit, sondern kommst auch nicht so schnell in Versuchung, auf Fertigprodukte zurückzugreifen. Mit ein bisschen Planung wird es dir mühelos gelingen, nur dreimal die Woche zu kochen. So lässt sich eine gesunde Ernährung mit frischen und unverarbeiteten Lebensmitteln leicht in deinen Alltag integrieren.[5]

Ausgewogene Ernährung

Sich ausgewogen zu ernähren ist ein ganzheitliches Konzept. Es bezieht sich also nicht nur auf die Lebensmittel, die wir konsumieren, sondern auch auf unseren Lebensstil. Eine ausgewogene Ernährung ist demnach eine Kombination aus einer gesunden Ernährung und einem gesunden Lebensstil mit viel Bewegung sowie Genuss und Entspannung.

Sie versorgt dich mit allen wichtigen Nährstoffen, die dein Körper benötigt. Dadurch bekommst du mehr Vitalität und bist im Alltag leistungsstärker. Gleichzeitig schützt du deinen Körper vor äußeren Einflüssen und kannst mit einer ausgewogenen Ernährung Krankheiten vorbeugen. Diese gesunde und harmonische Ernährungsweise zeichnet sich durch eine große Vielfalt an verschiedenen Lebensmitteln aus und ist keineswegs langweilig, wie man vielleicht denken mag. Denn sich ausgewogen zu ernähren bedeutet nicht nur Verzicht. Zwar gibt es einige Lebensmittel, die du größtenteils meiden solltest, wenn du dich ausgewogen ernähren möchtest, dennoch ist eine gesunde Ernährung sehr vielfältig und abwechslungsreich. Eine einseitige Ernährung führt hingegen über kurz oder lang zu einer Mangelernährung und verursacht gesundheitliche Probleme.

Makronährstoffe: Eine ausgewogene Ernährung sollte stets alle Makronährstoffe abdecken. Dazu zählen Kohlenhydrate, Fette und Proteine. Diese dienen der Energieversorgung unseres Körpers und regulieren unseren Stoffwechsel. Wer nicht genügend Makronährstoffe zu sich nimmt, beispielsweise durch eine einseitige Low Carb Diät, riskiert gesundheitliche Beeinträchtigungen wie Verstopfung, Diabetes, Schlaganfälle oder Herzinfarkte. Unser Körper benötigt alle drei Makronährstoffe, wobei diese in einem gesunden Verhältnis zueinander stehen sollten. Idealerweise besteht dieses aus 55 % Kohlenhydraten, 30 % Fett und 15 % Protein. Wird das Verhältnis eingehalten, ist unser Körper optimal versorgt und kann alle Körperprozesse aufrechterhalten.

Vitamine und Mineralstoffe: Zu einer ausgewogenen Ernährung gehört auch die Aufnahme von allen wichtigen Vitaminen und Mineralstoffen. Diese stecken in den verschiedensten Lebensmitteln, weshalb eine große Variation an unterschiedlichen Lebensmitteln automatisch dazu beiträgt, dass alle Vitamine und Mineralstoffe in ausreichender Menge aufgenommen werden. Vitamine und Mineralstoffe regulieren alle wichtigen Körperfunktionen und sorgen dafür, dass wir langfristig gesund und leistungsstark sind.[6]

Obst und Gemüse: Obst und Gemüse sollten einen großen Teil deiner Ernährung ausmachen. Sie enthalten nicht nur alle Makronährstoffe, Vitamine und Mineralien, sondern auch viele Ballaststoffe und sekundäre

Pflanzenstoffe. Zu jeder Mahlzeit solltest du also mindestens eine Portion Obst oder Gemüse zu dir nehmen. Je bunter dein Teller ist, desto besser. Das sorgt zum einen für einen hohen Genuss und Spaß am Essen und stellt gleichzeitig sicher, dass du alle wichtigen Nährstoffe aufnimmst. Pro Tag solltest du mindestens fünf Portionen Obst und Gemüse zu dir nehmen. Diese teilen sich in zwei Portionen Obst und drei Portionen Gemüse auf. Wenn du dich dabei an dem Saisonkalender orientierst, ernährst du dich sogar noch nachhaltig und schützt die Umwelt.[7]

Tierische Produkte: Tierische Produkte ergänzen eine gesunde Ernährung, sollten jedoch nicht den Hauptteil der Ernährung ausmachen. Milchprodukte können jeden Tag verzehrt werden. Sie enthalten viele Eiweiße, Vitamin B2 und Calcium (eingedeutscht auch Kalzium) und regulieren die Verdauung, unterstützen die Gesundheit der Knochen und verringern das Risiko für Diabetes. Fisch gehört ebenfalls zu einer ausgewogenen Ernährung und ist reich an ungesättigten Fettsäuren. Sie schützen uns vor Herz-Kreislauf-Erkrankungen und beugen Schlaganfälle vor. Fleisch und Wurst sollten hingegen nur selten verzehrt werden. Besonders Wurst ist stark verarbeitet und sollte deshalb größtenteils vermieden werden. Für Fleisch wird ebenfalls empfohlen, dieses nur gelegentlich ein- bis zweimal pro Woche zu verzehren. Eier enthalten hingegen viel Protein und können eine ausgewogene Ernährung ergänzen. Sie sollten jedoch ebenfalls nur in Maßen verzehrt werden.[8] Bei allen tierischen Produkten ist darauf zu achten, dass sie aus biologischer Haltung stammen. So stellst du sicher, dass keine gesundheitsschädlichen Stoffe in den Produkten enthalten sind. Gleichzeitig schützt du damit die Umwelt und das Tierwohl.[7]

Fette und Öle: Gesunde Fette gehören zu den Makronährstoffen und enthalten neben gesunden Fetten und Ölen auch weitere wichtige Vitamine und sekundäre Pflanzenstoffe. Zu den gesunden Fetten zählen die ungesättigten Fettsäuren, die sich noch einmal in Omega-3-Fettsäuren und Omega-6-Fettsäuren aufteilen. Neben pflanzlichen Ölen wie beispielsweise

Raps- und Olivenöl kannst du deinen Bedarf an gesunden Fetten auch durch den Verzehr von Nüssen und Ölsaaten decken.[7]

Ballaststoffe und Vollkornprodukte: Ballaststoffe und Vollkornprodukte dürfen bei einer ausgewogenen Ernährung nicht fehlen. Ballaststoffe haben verhältnismäßig wenige Kalorien, sind dafür aber sehr sättigend, da sie im Darm aufquellen. Zudem füttern sie die guten Darmbakterien, regulieren den Blutzuckerspiegel und können Krankheiten wie Diabetes, Dickdarmkrebs und Herz-Kreislauf-Erkrankungen vorbeugen. Pro Tag sollten rund 30 g Ballaststoffe aufgenommen werden. Vollkornprodukte sind reich an Kohlenhydraten, Vitaminen, Mineralien und Ballaststoffen. Durch die geringe Verarbeitung und den dadurch enthaltenen hohen Nährstoffgehalt sind Vollkornprodukte einfachen Weißmehlprodukten immer vorzuziehen.[9]

Wasser: Wasser gehört ebenfalls zur Grundlage einer gesunden Ernährung. Deinen Flüssigkeitsbedarf solltest du daher hauptsächlich mit Wasser decken. Auch ungesüßter Tee und Kaffee kann in geringen Mengen konsumiert werden. Wasser liefert dem Körper wichtige Mineralstoffe. Gleichzeitig unterstützt Wasser die Aufrechterhaltung aller wichtigen Körperprozesse und sorgt dafür, dass wir vital und leistungsstark sind.[8]

Schonende Zubereitung: Eine schonende Zubereitung trägt dazu bei, dass die wichtigen Nährstoffe in den Lebensmitteln erhalten bleiben. Diese können nämlich durch Wasser und Hitze zerstört werden. Wird nur wenig Wasser und Hitze zum Kochen eingesetzt, bleiben die meisten Nährstoffe erhalten. Scharfes Anbraten der Lebensmittel sollte deshalb vermieden werden. Besonders, wenn sich die Lebensmittel stark dunkel verfärben oder sogar verbrennen, können schädliche Stoffe entstehen, die sich wiederum negativ auf die Gesundheit auswirken können. Nach Möglichkeit sollten die Lebensmittel aus diesem Grund stets schonend gegart werden. Dazu gehören das Dünsten und Dampfgaren.[8]

Bewegung und Entspannung: Auch ausreichend Bewegung und Entspannung sind Bestandteile einer ausgewogenen Ernährung. Du solltest dich täglich für rund 30 bis 60 Minuten bewegen. Das trägt nicht nur zu einem gesunden Körpergewicht bei, sondern minimiert auch das Risiko, an verschiedenen Krankheiten wie Diabetes, Herz-Kreislauf-Erkrankungen, Krebs, psychischen Erkrankungen, Bluthochdruck etc. zu erkranken. Entspannung ist der Gegenpart zur Bewegung und reduziert Stress. Stress ist ebenfalls Auslöser für verschiedene Krankheiten. Nimm dir regelmäßig Zeit für dich selbst, um abzuschalten und Abstand vom Alltag zu bekommen. Auch bewusstes und achtsames Essen kann zur Entspannung beitragen.[8]

Mini-Mahlzeiten

Beim Clean-Eating-Konzept stehen kleine Mini-Mahlzeiten auf dem Speiseplan. Das bedeutet, dass über den Tag verteilt viele kleine Mahlzeiten anstatt wenige große Mahlzeiten verzehrt werden. Dadurch bleibt der Stoffwechsel langfristig aktiv und der Blutzuckerspiegel unterliegt keinen großen Schwankungen. Diese Schwankungen sind für die berühmt-berüchtigten Heißhungerattacken verantwortlich. Natürlich solltest du bei den Mahlzeiten auf eine vollwertige, gesunde Ernährung setzen und stets auf eine gute Kombination der verschiedenen Nährstoffe achten. Der Konsum von verarbeiteten Produkten, Fertiggerichten und Zucker würde diesen positiven Effekt nämlich direkt wieder zunichtemachen.

Dein Essen solltest du idealerweise auf rund 5-6 Mahlzeiten am Tag aufteilen. Dazu zählen in erster Linie Frühstück, Mittagessen und Abendessen. Zwischendurch kannst du noch 2-3 gesunde Zwischenmahlzeiten bzw. Snacks zu dir nehmen. Die Portionsgröße sollte durch die vielen Mahlzeiten natürlich auch entsprechend klein sein. Wenn du zu große Portionen isst, überlastest du damit nämlich nicht nur deinen Verdauungstrakt und Stoffwechsel, sondern nimmst täglich auch zu viele Kalorien zu dir, was höchstwahrscheinlich dazu führt, dass du schnell zunimmst. Ein weiterer positiver Effekt der vielen kleinen Mahlzeiten ist, dass deine Verdauung nicht überlastet wird und es deshalb nicht zu einem Leistungstief kommt. Wer kennt nicht das lähmende und schläfrige Gefühl nach einer großen und üppigen Mahlzeit. Man möchte sich danach am liebsten erst einmal hinlegen und nichts tun. Durch viele kleine Mahlzeiten bleibst du jedoch den ganzen Tag aktiv und bist leistungsfähiger. Greife also zu kleinen Portionen und achte auf dein persönliches Sättigungsgefühl. Sobald du satt bist, solltest du mit dem Essen aufhören. Da das Sättigungsgefühl nicht sofort einsetzt, solltest du langsam und bewusst essen. Nimm dir also ausreichend Zeit zum Essen und höre auf dein Körpergefühl. Wenn du zwischen den Hauptmahlzeiten keinen Hunger haben solltest, dann brauchst du auch keinen Snack zu dir zu nehmen. Dein Essverhalten sollte sich immer an deine persönlichen Bedürfnisse anpassen. Es ist also eine Art intuitives Essen. Dein Körper wird dir stets mitteilen, was er wann benötigt, wenn du in ihn hinein spürst.

Das Frühstück ist beim Clean Eating übrigens die wichtigste Mahlzeit des Tages, da es die natürliche Fastenperiode während der Nacht unterbricht. Durch das Frühstück wird der Stoffwechsel das erste Mal am Tag angekurbelt. Achte deshalb auf ein gesundes Frühstück, um deinen Körper direkt mit wichtigen Nährstoffen zu versorgen und fit und leistungsstark in den Tag zu starten. Zwischen dem Schlafen gehen und der letzten Mahlzeit des Tages sollten mindestens zwei Stunden liegen. So gewährst du deinem Körper die nötige Zeit zum Verdauen. Ansonsten kann es zu Schlafproblemen führen, weil dein Körper noch mit der Verdauung beschäftigt ist und nicht komplett herunterfahren kann.[10]

No-Gos

Es gibt einige Lebensmittel, die du am besten komplett von deinem Speiseplan streichen solltest, da sie deinem Körper mehr schaden, als dass sie dir helfen. Sie haben also keinen positiven Effekt. Das Gegenteil ist der Fall. Dazu zählen beispielsweise sehr zuckerhaltige Lebensmittel, alle verarbeiteten Lebensmittel sowie Alkohol und Nikotin. Wenn du ein gesundes Leben führen möchtest, dann solltest du darauf verzichten. Sie haben eine hohe Energiedichte, kaum Vitamine und Nährstoffe und sind voll von schädlichen Zusatzstoffen, die unser Körper nicht richtig verwerten kann. Dazu entwickelt unser Gehirn ein gewisses Abhängigkeitsverhältnis zu ihnen, sodass wir immer mehr von diesen Lebensmitteln konsumieren möchten, obwohl unser Sättigungsgefühl eigentlich etwas anderes sagt.[11]

▶ Zucker

In der heutigen Zeit nehmen wir viel zu viel Zucker zu uns. Das machen wir häufig nicht einmal bewusst, denn in vielen verarbeiteten Lebensmitteln sind versteckte Zucker enthalten. Dies ist einer der Gründe, warum du verarbeitete Lebensmittel meiden solltest. Auch Weißmehl ist voll von Zucker und sollte deshalb gemieden werden. Wenn von Zucker die Rede ist, ist der typische, raffinierte Haushaltszucker gemeint. Natürlicher Fruchtzucker, der über Früchte aufgenommen wird, zählt nicht dazu. Dieser wird nämlich immer in Kombination mit Ballaststoffen aufgenommen, die die Auswirkungen des Zuckers regulieren.[12]

Zucker fördert Übergewicht und erhöht das Risiko an Diabetes sowie Herzleiden zu erkranken. Je mehr Zucker aufgenommen wird, desto höher ist die Wahrscheinlichkeit von Folgekrankheiten.[13] Pro Tag sollte nicht mehr als 25 g Zucker verzehrt werden. Die meisten Menschen überschreiten diesen Wert jedoch um ein Vielfaches. Du solltest daher versuchen, bewusst auf Zucker in Lebensmitteln zu achten und diese größtenteils zu meiden.[14]

▶ Verarbeitete Lebensmittel und Fast Food

Wie bereits angedeutet, sind verarbeitete Lebensmittel voller versteckter Zucker. Zusätzlich sind sie aber auch voll von schädlichen Zusätzen, ungesunden Fetten, Salz und haben eine verhältnismäßig hohe Energiedichte. Zeitgleich verfügen sie über kaum bis gar keine Ballaststoffe oder andere Nährstoffe. Normalerweise nehmen wir viele wertvolle Nährstoffe über unsere Nahrung auf. Ernähren wir uns jedoch hauptsächlich von verarbeiteten Lebensmitteln und Fertiggerichten, nimmt die Aufnahme von Nährstoffen drastisch ab. Das kann nicht nur zu Mangelerscheinungen führen. Häufig sind den Lebensmitteln auch Konservierungsmittel und Emulgatoren zugesetzt, die ebenfalls eine schädliche Wirkung auf unseren Körper haben. Damit können verarbeitete Lebensmittel sogar das Sterberisiko erhöhen.

▶ Fleisch und Wurst

Auch wenn für viele Fleisch und Wurst zur täglichen Ernährung gehören, sollte der Konsum hiervon zumindest eingeschränkt werden. Besonders der Verzehr von Wurst ist nicht wirklich förderlich für eine gesunde Ernährung. Wie bereits erwähnt zählt Wurst zu den verarbeiteten Lebensmitteln und kann zudem krebserregende Stoffe beinhalten sowie chronische Entzündungen fördern. Wer seinem Körper etwas Gutes tun möchte, sollte seinen Konsum an Wurstwaren und Fleisch deshalb stark reduzieren. Besonders rotes Fleisch hat eine schädigende Wirkung und kann Krebserkrankungen begünstigen. Zu rotem Fleisch zählt Rind, Schwein, Lamm und Wild.[15]

▶ Alkohol und Nikotin

Dass Alkohol und Nikotin eher schädlich als förderlich für unsere Gesundheit sind, ist wahrscheinlich den meisten bekannt. Nichtsdestotrotz gehören beide Substanzen bei vielen quasi zum Alltag, da es gesellschaftlich anerkannt ist, diese Stoffe zu konsumieren. Doch Alkohol und Nikotin bringen nicht nur deinen Stoffwechsel durcheinander, sondern erhöhen auch das Risiko von verschiedenen Krankheiten. Dazu gehören Krebs, Herz-Kreislauf-Erkrankungen, Übergewicht, Diabetes, Alzheimer etc. Dabei spielt nicht nur die konsumierte Menge eine Rolle, sondern auch die Regelmäßigkeit. Zudem ist der Suchtfaktor bei Alkohol und Nikotin sehr hoch, sodass sich schnell eine Abhängigkeit einstellen kann. Wer nicht komplett auf Alkohol verzichten möchte, sollte genügend alkoholfreie Tage in der Woche einplanen, damit sich der Körper erholen kann. Da dies beim Konsum von Nikotin meist schwieriger ist, sollte auf das Rauchen am besten gleich komplett verzichtet werden.[13]

Stattdessen solltest du lieber frische und unverarbeitete Lebensmittel zu dir nehmen, um deinem Körper alle wichtigen Nährstoffe zuzuführen, die er braucht.

NACHHALTIGE ERNÄHRUNG

Eine ausgewogene Ernährung definiert sich nicht nur über persönliche und gesundheitliche Vorteile, sondern schließt auch den Faktor Nachhaltigkeit mit ein. Eine nachhaltige Ernährung beinhaltet demnach Aspekte der Umwelt, Wirtschaft und Gesellschaft sowie der Gesundheit. Denn unser Essverhalten beeinflusst nicht nur unsere eigene Gesundheit, sondern hat auch globale Auswirkungen wie beispielsweise auf den Klimawandel, Hungerkrisen, Wasserknappheit und die Lebensmittelverschwendung. Um diesen entgegenwirken zu können, ist es wichtig, sich mit der Nachhaltigkeit der eigenen Ernährung näher auseinanderzusetzen. Wir haben dir in diesem Kapitel verschiedene Informationen, Tipps und Alternativen zusammengestellt, mit denen du deine Ernährung nachhaltiger gestalten kannst.

Saisonalität und Regionalität

Saisonalität und Regionalität sind zwei Prinzipien, die unvermeidlich miteinander verbunden sind: Wenn du dich regional ernährst, ernährst du dich automatisch auch saisonal. Die Landwirte in deiner Region bauen schließlich nur Lebensmittel an, die in der jeweiligen Saison auch gedeihen und geerntet werden können.

Heutzutage sind wir es gewohnt, dass wir alle Lebensmittel unabhängig von ihrer Saison im Supermarkt kaufen können. Spargel, Erdbeeren, Orangen, Ananas, Bananen etc. sind das ganze Jahr über im Supermarkt verfügbar. Der globale Handel macht dies möglich. Doch damit gehen auch lange Transportwege einher. Dieser Transport ist verantwortlich für viele Treibhausgase. Diese können eingespart werden, wenn du dich stattdessen regional ernährst. Auch der saisonale Anbau kann viele Treibhausgase einsparen. Denn es gibt Obst- und Gemüsesorten, die beispielsweise im Winter nicht unter normalen Umständen wachsen können. Hier muss dann mit Treibhäusern und Folien nachgeholfen werden. Zudem stammen viele importierte Lebensmittel aus Ländern, die nicht die deutschen Arbeitsbedingungen erfüllen. So müssen viele Landwirte unter schlechten Bedingungen arbeiten und bekommen dafür nur einen sehr geringen Lohn. Folglich kann eine saisonale und regionale Ernährungsweise zur Verbesserung des Klimas beitragen und verhindert gleichzeitig die Ausbeutung von ausländischen Arbeitern.

Aber auch für dich hat der Verzehr von regionalen und saisonalen Produkten einen großen Vorteil. Da durch einen regionalen Anbau lange Transportwege wegfallen, kann das Obst und Gemüse bereits reif geerntet werden und enthält dadurch wesentlich mehr Vitamine. Obst und Gemüse aus fernen Ländern müssen hingegen meist unreif geerntet werden, damit sie den langen Transportweg überstehen und währenddessen nachreifen. Dadurch können sie niemals einen so intensiven Geschmack entwickeln wie regionales und saisonales Obst und Gemüse. Zudem enthalten sie entsprechend weniger Vitamine und Nährstoffe. Der saisonale Freilandanbau trägt ebenso dazu bei, dass die Produkte mehr Vitamine enthalten und zudem mit weniger Schadstoffen belastet sind. Denn sie reifen unter natürlichen Bedingungen. Obst und Gemüse aus Treibhäusern haben diese natürlichen Bedingungen hingegen nicht, sodass oft mit weiteren Mitteln nachgeholfen werden muss.[16]

Auf den nächsten Seiten findest du ein paar nützliche Tipps, worauf du beim Einkaufen achten solltest, um dich regional und saisonal zu ernähren.

Regional und Bio: Regional bedeutet nicht gleich Bio. Damit du dich bestmöglich, nachhaltig und gesund ernährst, solltest du auf regionale Produkte setzen, die zudem auch das Biosiegel tragen. Dadurch verringerst du nicht nur die Belastung der Umwelt, sondern nimmst auch nicht zu viele Schadstoffe, zum Beispiel in Form von Pestiziden auf. Viele Landwirte bieten mittlerweile auch regionale Obst- und Gemüsekisten an, die man sich ganz einfach nach Hause bestellen kann. Damit sparst du dir den Weg zum Supermarkt und kannst gleichzeitig die regionalen Landwirte unterstützen.

Herkunftsland: Wenn du regionale Produkte im Supermarkt einkaufen möchtest, solltest du immer auf das Herkunftsland achten. Nur weil eine Frucht oder ein Gemüse Saison hat, heißt dies nicht automatisch, dass diese bzw. dieses auch aus regionalem Anbau stammt. Bei allen Obst- und Gemüsesorten ist das jeweilige Herkunftsland angegeben. Viele Supermärkte vermerken diese bereits mit dem Zusatz, dass sie aus der Region stammen. Halte beim Einkauf also stets die Augen offen und kaufe bewusst ein.

Wochenmarkt: Auch der Wochenmarkt ist eine gute Möglichkeit, um regional und saisonal einzukaufen. Allerdings solltest du auch hier darauf achten, dass die Produkte wirklich saisonal und regional angebaut wurden. Einige Landwirte kaufen Lebensmittel hinzu, damit sie eine breitere Auswahl an Produkten anbieten können. Ein direktes Gespräch mit den Verkäufern auf dem Wochenmarkt kann Klarheit schaffen. Hier kannst du aus erster Hand erfahren, unter welchen Bedingungen die Lebensmittel angebaut wurden, ob sie biologisch erzeugt oder dazu gekauft sind. Durch den Einkauf auf dem Wochenmarkt entfällt auch der Zwischenhandel mit dem Supermarkt, was wiederum den Landwirten zugutekommt. Meist sind die Produkte zudem frisch geerntet und wurden nicht so lange gelagert.

Saisonkalender: Mit einem Saisonkalender hast du stets die Übersicht, welche Lebensmittel gerade Saison haben. Dadurch weißt du automatisch auch, welche Lebensmittel momentan regional erhältlich sind. Du brauchst dir übrigens keine Gedanken darüber machen, dass dein Köper nicht mit genügend Nährstoffen versorgt werden könnte, weil einige Obst- und Gemüsesorten nicht immer erhältlich sind. Jede Saison stellt ausreichend Obst und Gemüse zur Verfügung, welches unser Körper für eine optimale Nährstoffversorgung braucht. Eine Mangelversorgung ist also zu keiner Zeit gegeben. Darüber hinaus hat saisonales Gemüse eine höhere Nährstoffdichte und einen besseren Geschmack. Gleichzeitig kann die zeitlich begrenzte Verfügbarkeit deine Vorfreude auf bestimmte Obst und Gemüse steigern.[17]

Wer wissen möchte, wann welches Lebensmittel gerade Saison hat, der bekommt in dem Saisonkalender der Bundesvereinigung der Erzeugerorganisation Obst und Gemüse (BVEO) einen guten Überblick.

deutsches-obst-und-gemuese.de/saisonkalender

Selber machen (Selbstversorgung)

Die Selbstversorgung ist eine weitere tolle Möglichkeit auf dem Weg zu mehr Nachhaltigkeit in der Ernährung. Auch wenn eine komplett autarke Lebensweise schwierig umzusetzen ist, kann jeder mit ein paar einfachen Tipps und Tricks den Weg Richtung Selbstversorgung einschlagen. Sogar Personen, die in einer Stadtwohnung leben und keinen eigenen Garten oder Balkon haben, können sich in gewissen Maßen selbst versorgen. Dafür braucht es keine großen Kenntnisse und der Aufwand ist relativ gering. Schon kleine Verhaltensänderungen können eine große Wirkung haben – und dabei macht das Ganze sogar noch richtig Spaß! Es ist ein tolles Gefühl, seine eigenen Lebensmittel herzustellen. Gleichzeitig ist es nachhaltig und schont den Geldbeutel. Grundsätzlich solltest du dich bei allem, was du einkaufst, fragen, ob du es nicht auch selbst machen kannst. Vieles kannst du nämlich selbst sehr viel nachhaltiger und kostengünstiger herstellen und das ist gar nicht mal so schwierig.

Wir haben dir hier ein paar Tipps zusammengestellt, wie du die Selbstversorgung Stück für Stück in deinen Alltag integrieren kannst.

Obst und Gemüse anbauen: Obst und Gemüse anbauen gelingt natürlich am einfachsten, wenn man über einen Garten verfügt. Ein Garten ist eine tolle Möglichkeit, um sich größtenteils selbst mit ausreichend Obst und Gemüse zu versorgen. Aber auch auf dem Balkon lassen sich viele Obst- und Gemüsesorten anbauen. Hier kannst du beispielsweise wunderbar Tomaten, Erdbeeren, Karotten und Zucchini aussähen und ernten. Wenn du dir das noch nicht zutraust, kannst du auch erst einmal mit einem kleinen Kräutergarten beginnen. Das geht sogar, wenn du weder einen Garten noch einen Balkon hast. Kräuter können nämlich auch wunderbar auf dem Fensterbrett gezüchtet werden.[18]

Sprossen: Neben Kräutern können auch Sprossen auf einfache Art und Weise selbst gezogen werden. Zudem sind Sprossen äußerst gesund und enthalten eine Menge Vitamine und Mineralstoffe. Sie können als Topping zu verschiedenen Gerichten gereicht werden und werten jedes Gericht im Handumdrehen auf. Um Sprossen zu ziehen, brauchst du nur ein Keimglas sowie eine Sprossenmischung. Die Sprossenmischung gibst du einfach in das Glas und bedeckst sie mit Wasser. Dann heißt es warten. Nach einigen Stunden Einweichzeit wird das überschüssige Wasser abgegossen. Nicht gekeimte Samen sortierst du aus, damit es nicht zu Fäulnis kommt. Anschließend werden die Keimlinge regelmäßig mit Wasser gespült. Nach wenigen Tagen sind die Sprossen erntereif und können verzehrt werden.[19]

Lebensmittel haltbar machen: Ein weiterer Schritt in Richtung Selbstversorgung ist das Haltbarmachen von Lebensmitteln. So musst du beim Einkaufen nicht auf fertige Produkte zurückgreifen, sondern kannst diese selbst herstellen. Das ist zwar einmalig mit etwas mehr Aufwand verbunden, doch dafür hast du danach lange „Ruhe" und kannst von deinen Vorräten zehren. Lebensmittel lassen sich auf unterschiedliche Art und Weise haltbar machen. Dazu zählen das Einkochen, Einlegen, Fermentieren und Trocknen. Beim Einkochen werden Obst und Gemüse nach Geschmack gekocht und anschließend in Schraubgläser gegeben. Durch das Stürzen der Gläser entsteht ein Vakuum und die Lebensmittel sind vorm Verderben geschützt. So musst du nicht auf ungesunde Konservierungsstoffe zurückgreifen. Beim Einlegen werden die Lebensmittel mithilfe einer Flüssigkeit haltbar gemacht. Dies ist meist Essig, Öl oder Alkohol. Die Wahl der Flüssigkeit hängt immer vom jeweiligen Lebensmittel ab und davon, welches Geschmacksergebnis erreicht werden soll. Beim Fermentieren bilden sich Milchsäurebakterien, wodurch es zu einer Gärung kommt. Fermentierte Lebensmittel sind besonders gesund und wirken sich positiv auf unsere Darmflora aus. Beim Trocknen wird den Lebensmitteln das Wasser entzogen, um sie dadurch länger haltbar zu machen.

Aufstriche: Im Supermarkt lassen sich mittlerweile viele alternative Brotaufstriche finden, die aus Gemüse, Hülsenfrüchten oder Getreide hergestellt werden. Diese Aufstriche kannst du auch wunderbar selbst herstellen. Meist braucht es dafür nur wenige Zutaten, die zusammen in einem Mixer püriert werden. Durch die Zugabe von Gewürzen kannst du den Geschmack individuell beeinflussen und so perfekt auf deine Vorlieben abstimmen. Die selbst gemachten Aufstriche halten sich im Kühlschrank rund 3-4 Tage.

Brot backen: Brot selbst zu backen ist ebenfalls eine tolle Alternative und gar nicht mal so schwer. Am gesündesten ist das Backen mit Sauerteig. Der Sauerteig ist ein natürliches Triebmittel, sodass dem Brot keine Hefe mehr zugesetzt werden muss. Durch die Teiggärung handelt es sich dabei ebenfalls um eine Form der Fermentation. Während gekauftes Brot heutzutage viele Zusatzstoffe enthält, besteht selbst gebackenes Brot nur aus Wasser, Mehl, Salz und Sauerteig. Anschließend kann das Brot mit Nüssen, Samen und Kernen verfeinert werden, was den Vitamin- und Mineralstoffgehalt noch einmal erhöht.

Mundraub: Mundraub beschreibt das Pflücken von öffentlichen Obstbäumen. Dies ist normalerweise nicht erlaubt. Mittlerweile gibt es aber viele Obstbäume, die ganz legal geerntet werden können. Auf der interaktiven Karte von *Mundraub* kannst du Obstbäume, Sträucher und Nussbäume ausfindig machen und diese dann bedenkenlos für deinen eigenen Bedarf abgeerntet werden. Das ist nicht nur eine kostengünstige Alternative, sondern auch nachhaltig, regional, saisonal und wirkt der Lebensmittelverschwendung entgegen. Die Bäume würden normalerweise nämlich gar nicht geerntet werden und das Obst daran einfach verderben.[18]

mundraub.org

Regrowing: Regrowing ist ebenfalls eine tolle Möglichkeit, um Lebensmittel selbst anzubauen. Hier werden Lebensmittel nach dem Prinzip der vegetativen Vermehrung gezüchtet. Dafür entsorgst du nicht die Gemüsereste, die beim Kochen entstehen, sondern lässt sie erneut nachwachsen. Am einfachsten gelingt dies mit Frühlingszwiebeln, Salat, Roter Bete, Sellerie, Lauch und Karotten. Die Gemüsereste werden also in gewisser Weise recycelt und können nach entsprechender Zeit erneut verzehrt werden. Um die Gemüsereste nachwachsen lassen zu können, muss noch ein gutes Stück vom Gemüse erhalten sein. Der Strunk bzw. Wurzelpart wird dafür sauber abgetrennt und in ein Glas mit Wasser gesetzt. Das Wasser sollte regelmäßig alle 1 bis 2 Tage gewechselt werden, damit es nicht anfängt zu faulen. Sobald das Gemüse erneut beginnt zu sprießen, wird es einfach in Erde eingepflanzt. Dadurch werden die Gemüsereste mit ausreichend Nährstoffen versorgt und können munter nachwachsen. Nach einigen Wochen kann das Gemüse dann erneut geerntet werden.[20]

Bio und Fair Trade

Produkte aus biologischer Landwirtschaft sind grundsätzlich immer Produkten aus konventioneller Landwirtschaft vorzuziehen. Auch wenn sich die Biosiegel in ihren Qualitätsstandards unterscheiden und sich teilweise nur wenig von konventionellen Produkten abheben. Eine biologische Landwirtschaft definiert sich dadurch, dass keine synthetischen Düngemittel verwendet werden. Zudem kommen weniger bis gar keine Antibiotika bei kranken Tieren zum Einsatz. Die Tiere werden artgerecht gehalten und erhalten Biofutter. Des Weiteren ist teilweise der Einsatz von Gentechnik verboten. Eine biologische Landwirtschaft schützt also nicht nur die Umwelt, sondern auch das Tierwohl.[21]

Welche Standards für die verschiedenen Biosiegel gelten, haben wir hier für dich zusammengefasst:

► Staatliches Biosiegel

Das staatliche Biosiegel der EU ist das bekannteste Biosiegel und lässt sich mittlerweile auf vielen Produkten im Supermarkt finden. Jedoch ist dieses Biosiegel auch das mit den niedrigsten Qualitätsstandards, sowohl für die Umwelt als auch für die Tierhaltung. Es erfüllt demnach nur die Mindestanforderungen für einen Biobetrieb. Die Produkte selbst müssen zu 95 % ökologisch sein und es dürfen bis zu 49 Zusatzstoffe verwendet werden, damit das Produkt noch als Bio zertifiziert wird. Zudem ist der Einsatz von Antibiotika zur Behandlung kranker Tiere erlaubt. Gentechnik und chemische Düngemittel hingegen sind verboten und das Futter darf nur aus biologischem Anbau stammen.

Das Siegel allerdings steht immer wieder unter Kritik, da eine artgerechte Tierhaltung nicht immer gegeben ist. So dürfen die Tiere beispielsweise 24 Stunden lang zum Schlachter transportiert werden.[22] Milchkühe müssen auf mindestens 6 Quadratmetern gehalten werden und benötigen 4,5 Quadratmeter Auslauf. Mastschweine bekommen hingegen nur 0,8 bis 1,2 Quadratmeter Platz sowie 0,6 bis 1 Quadratmeter Auslauf. Außerdem dürfen bis zu 6 Hühner auf einem Quadratmeter gehalten werden.

▶ Naturland-Siegel

Das Naturland-Siegel ist bei der Tierhaltung strenger. So müssen Mastschweine beispielsweise 1,5 Quadratmeter Stallfläche und 1,2 Quadratmeter Auslauf zur Verfügung haben. Zudem muss im Sommer eine Weide für den Auslauf der Tiere zur Verfügung stehen. Der Transport zum Schlachthof darf nicht länger als 4 Stunden dauern und darf nur maximal 200 km vom Betrieb entfernt sein. Verboten ist es zudem, den Schweinen Nasenringe zu verpassen oder die Schnäbel und Flügel von Hühnern zu stutzen. Auch eine Kastrierung von Ferkeln ist ohne Betäubung nicht zulässig. Beim staatlichen Biosiegel wiederum ist dies erlaubt.[23]

▶ Demeter-Siegel

Das Demeter-Siegel hat von allen Siegeln die strengsten Richtlinien. Demeter Produkte findet man nur selten in konventionellen Supermärkten, sondern vorrangig in Biomärkten. Beim Demeter-Siegel ist beispielsweise das Enthornen von Kühen und das Kükenschreddern verboten. Außerdem kommen keine Antibiotika bei der Heilung der Tiere zum Einsatz. Die Tiere bekommen viel Auslauf und haben wesentlich mehr Platz im Stall. Das Futter muss zu 100 % aus Biofutter und zu 50 % aus Demeterfutter vom eigenen Betrieb bestehen. Demeter steht für ein ganzheitliches Konzept, das Tiere und Umwelt gleichermaßen respektiert.[24]

▶ Bioland-Siegel

Das Bioland-Siegel steht besonders für Regionalität. Nur Betriebe aus Deutschland und Südtirol können dieses Siegel überhaupt bekommen. Ähnlich wie bei Demeter werden hier vergleichsweise weniger Tiere pro Hektar Fläche gehalten und bekommen ausreichend Auslauf. Das Futter muss auch zu 100 % Biofutter sein und 50 % davon muss aus dem eigenen

Betrieb oder von regionalen Partnern stammen. Zudem muss der gesamte Betrieb auf Bio umgestellt werden, Mischbetriebe sind nicht erlaubt.[25]

Es gibt noch einige weitere Biosiegel mit unterschiedlichen Vorschriften. Die hier aufgeführten sind aber die bekanntesten Siegel, welche du entsprechend am häufigsten antreffen wirst.

Neben dem Biosiegel gibt es noch das Fairtrade-Siegel. Fairtrade-Produkte müssen jedoch nicht zwangsläufig Bioprodukte sein. Rund 65 % der Fairtrade-Produkte sind aus biologischer Landwirtschaft. Meist stammen Fairtrade-Produkte aus dem Ausland und werden importiert. Um das Fairtrade-Siegel zu erhalten, müssen gewisse Kriterien eingehalten werden.

Sozial: Soziale Kriterien sind das Vorhandensein demokratischer Gemeinschaften, die Förderung von Gewerkschaften, geregelte Arbeitszeiten, Verbot von Kinderarbeit und Diskriminierung.

Ökologisch: Ökologische Aspekte sind der Schutz natürlicher Ressourcen, ein nachhaltiger Anbau und das Verbot von Pestiziden sowie Gentechnik.

Ökonomisch: Das Fairtrade-Siegel versichert die Zahlung eines Mindestpreises für die Landwirte sowie eine langfristige Handelsbeziehung, wenn die Kriterien erfüllt werden.[26]

Achte beim nächsten Einkauf einfach einmal auf die verschiedenen Siegel. Zwar sind diese Produkte etwas teurer als Produkte aus konventioneller Landwirtschaft, doch durch den Kauf dieser Produkte kannst du deine Ernährung maßgeblich nachhaltiger gestalten und tust gleichzeitig dir und deiner Umwelt etwas Gutes.

Tierische Produkte reduzieren

Tierische Produkte haben den größten Einfluss auf den globalen Klimawandel. Pro 1 kg Rindfleisch entstehen beispielsweise 17 kg Treibhausgase. Zum Vergleich: Obst und Gemüse produzieren weniger als 2 kg Treibhausgase pro Kilogramm. Damit sind Obst und Gemüse klimatechnisch deutlich besser als Fleisch und andere tierische Produkte. Doch tierische Produkte haben nicht nur einen Einfluss auf den Klimawandel, sondern auch auf ökonomische, ethische und gesundheitliche Faktoren.

Dabei ist es gar nicht so schwer, tierische Lebensmittel zu reduzieren und stattdessen auf eine pflanzenbasierte Ernährungsweise umzustellen. Prinzipiell sollte jeder, der sich bewusst gesund und nachhaltig ernähren möchte, den Fokus auf pflanzliche Lebensmittel setzen. Der empfohlene Richtwert für einen gesunden Fleischkonsum liegt bei maximal 300-600 g pro Woche. Viele Menschen überschreiten diesen Wert und der Fleischkonsum steigt stetig. Dies hat jedoch nicht nur gesundheitliche Nachteile, sondern belastet auch die Umwelt in großem Ausmaß.

Ethische Gründe: Um Fleisch konsumieren zu können, müssen Tiere getötet werden. Diesen Fakt möchten viele gerne ausblenden. Und tatsächlich hat das Fleisch auf dem Teller nur noch wenig Ähnlichkeit mit einem lebenden Tier. Dazu kommt, dass die Tiere oft aus der Massentierhaltung stammen und damit unter widrigen Umständen leben mussten. Sie werden auf engstem Raum gehalten, oft verstümmelt und mit Antibiotika und Wachstumshormonen gefüttert. Das wirkt sich wiederum auch auf unsere Gesundheit aus, da wir durch den Verzehr von Fleisch ebenfalls diese Stoffe zu uns nehmen. Wer nachhaltig und ethisch Fleisch konsumieren möchte, sollte beim Kauf unbedingt auf eine artgerechte Tierhaltung achten. Dieses Fleisch kostet zwar etwas mehr, dafür kannst du aber sicher sein, dass das Tier unter guten Bedingungen gehalten wurde. Dadurch, dass du deinen Fleischkonsum ohnehin reduzieren solltest, gleichen sich die Mehrkosten außerdem schnell wieder aus. Das

Gleiche gilt übrigens auch für andere tierische Produkte wie Milch und Eier. Auch diese sollten aus einer artgerechten Haltung stammen, da die Zustände für Legehennen und Milchkühe in der konventionellen Landwirtschaft ebenfalls sehr schlecht sind.

Gesundheitliche Vorteile: Wie bereits erwähnt, nehmen wir durch den Verzehr von Fleisch aus der Massentierhaltung auch unerwünschte Stoffe wie beispielsweise Antibiotika, zu uns. Das kann langfristig sogar zu einer Antibiotika-Resistenz führen. Darüber hinaus erhöht ein übermäßiger Fleischkonsum das Krebsrisiko und kann außerdem zu einem Mineralstoffmangel führen. Dadurch, dass tierische Proteine in unserem Körper sauer wirken, kann es durch eine erhöhte Aufnahme von tierischen Produkten zu einem Überschuss an Säure in unserem Körper und damit zu einem Ungleichgewicht des Säure-Basen-Haushaltes kommen. Um diese Säure zu neutralisieren, muss unser Körper auf die vorhandenen Mineralstoffreserven zurückgreifen. Dauert dieser Zustand länger an, führt dies unweigerlich zu einem Mineralstoffmangel.[27]

Vorteile für die Umwelt und das Klima: Der Verzehr von tierischen Produkten erhöht nicht nur die Menge an Treibhausgasen, sondern auch den Verbrauch von Wasser und die Abholzung von Wäldern. Die Herstellung von 1 kg Rindfleisch verbraucht rund 15.000 Liter Wasser. Wenn man bedenkt, wie viel Fleisch auf der ganzen Welt verzehrt wird, ist dies eine enorme Menge. Durch die Reduzierung von tierischen Produkten kann also eine große Menge an Wasser eingespart werden. Gleichzeitig werden für tierische Produkte riesige Waldflächen abgeholzt. Diese Waldflächen dienen anschließend zum Futteranbau, um den hohen Futterbedarf der Tiere zu decken. Außerdem wird durch die Abholzung von Wäldern jede Menge an zuvor torfgebundenem Kohlendioxid freigesetzt. Auch die Ausscheidungen der Tiere stellen ein großes Problem für die Umwelt dar. Diese Ausscheidungen werden auf den Feldern verteilt, wo sie dann in den Boden versickern. Das wiederum belastet nicht nur den Boden, sondern auch Seen und Flüsse sowie das Grundwasser, das wir trinken.[28]

Ökonomische Vorteile: Durch den Verzehr von tierischen Produkten kommt es außerdem zu ökonomischen Auswirkungen. Dazu gehört der Welthunger. Die Tiere haben einen enorm hohen Bedarf an Futter, genauer gesagt Getreide. Dieses Getreide könnte jedoch auch für die hungernde Weltbevölkerung genutzt werden. Wenn der Verzehr von tierischen Produkten gesenkt wird, stünde dementsprechend mehr Getreide als Nahrungsgrundlage für hungernde Menschen zur Verfügung. Gleichzeitig könnten auf der neu gewonnenen Ackerfläche weitere pflanzliche Lebensmittel angebaut werden.[27]

Plastikfrei

Um die Umwelt zu schützen, solltest du unbedingt auch deinen Plastikkonsum überdenken. Überlege mal, wie viel Plastikmüll du bei einem durchschnittlichen Einkauf produzierst, wenn du alle Lebensmittel auspackst. Plastik hat einen erheblichen Einfluss auf die Umwelt. Da Plastik nur sehr langsam abgebaut wird, sammelt es sich immer weiter auf der Erde an und verschmutzt die Umwelt und die Meere. Das führt nicht selten dazu, dass Tiere durch den Anteil an Plastik in den Meeren sterben. Sie verwickeln sich entweder im Plastikmüll oder das Plastik befindet sich in ihrem Magen. Auch im menschlichen Körper konnte bereits ein erhöhter Gehalt an Plastikteilchen ausgemacht werden. Die Reduzierung von Plastik wirkt sich also nicht nur auf die Umwelt und die Gesundheit von Tieren aus, sondern auch auf deine eigene Gesundheit.
Bereits kleine Änderungen im Alltag können einen großen Einfluss auf die Plastikreduzierung haben. Es gibt heutzutage viele Alternativen, die du nutzen kannst, um dein Leben plastikfreier zu gestalten. Obgleich ein vollkommener Verzicht von Plastik im Alltag leider kaum möglich ist, lässt es sich dennoch auf ein gutes Maß reduzieren, wenn du bewusster darauf achtest.

Unverpacktes Obst und Gemüse: Viele Supermärkte bieten bereits unverpacktes Obst und Gemüse an. Wenn du die Wahl hast, solltest du auf dieses Angebot zurückgreifen. So kannst du bereits einiges an Plastik bei deinem Einkauf sparen. Wenn dein Supermarkt nicht über unverpacktes Obst und Gemüse verfügt, solltest du am besten nach einem alternativen Supermarkt Ausschau halten. Spätestens im Biomarkt sind die meisten frischen Lebensmittel ohne Plastikverpackung erhältlich. Um das lose Obst und Gemüse trotzdem trennen und verpacken zu können, kannst du auf spezielle Obst- und Gemüsebeutel zurückgreifen. Dies sind kleine Netze, in die du deine Lebensmittel füllen kannst. Du solltest sie daher bei jedem Einkauf dabei haben. Der große Vorteil liegt darin, dass du sie jederzeit wiederverwenden kannst und damit keinen Müll produzierst. Wenn sie einmal dreckig werden sollten, kannst du sie einfach waschen.

Fleisch, Wurst und Käse: Fleisch, Wurst und Käse kannst du ebenfalls frisch kaufen und musst nicht auf abgepackte Produkte zurückgreifen. In vielen Supermärkten lassen sich solche Frischetheken finden. Oder du gehst gleich zum Schlachter und kaufst dir dort Wurst und Fleisch. Dadurch, dass du dabei selbst bestimmen kannst, wie viel du einkaufst, entstehen in der Regel keine Reste, für die du keine Verwendung hast. Bei einigen Händlern kannst du dir sogar dein Fleisch und deinen Käse in einen eigenen Behälter füllen lassen. Das spart noch mal zusätzlich einiges an Plastik ein. Obwohl leider noch nicht überall fremde Verpackungen genutzt werden dürfen, schadet es auf jeden Fall nie nachzufragen und viele lassen sich auch darauf ein. Zudem schaffst du durch das Nachfragen ein neues Bewusstsein dafür, sodass in Zukunft hoffentlich immer mehr Händler dazu bereit sind.

Alternative Verpackungen: Auch andere Lebensmittel gibt es in alternativen Verpackungen. Achte beim nächsten Einkauf einmal genauer darauf. So kannst du beispielsweise Milch und Joghurt auch in Glasverpackungen erwerben. Einige Hersteller bieten ihre Produkte in Gläsern an. Du zahlst hierfür einen kleinen Pfandbetrag, den du natürlich wieder bekommst, wenn du die Gläser zurückbringst. Auch Säfte und Wasser kannst du alternativ in Gläsern kaufen. Zudem gibt es einige Produkte, die mittlerweile in Karton anstatt in Plastik eingepackt sind. Außerdem gibt es Hersteller, die bereits deutlich weniger Plastik verwenden als der Großteil ihre Konkurrenten. Ein zweiter Blick ins Regal kann sich also lohnen.

Unverpackt Läden: In vielen Städten lassen sich mittlerweile Unverpackt Läden finden. In diesen Läden kannst du deine gesamten Lebensmittel plastikfrei einkaufen. Das trifft auch auf Produkte wie Mehl, Nudeln, Reis, Haferflocken etc. zu. Um die Produkte abzufüllen, bringst du deine eigenen Behälter mit. Diese werden zuvor einmal gewogen, damit das Eigengewicht der Gehälter später abgezogen werden kann. Anschließend füllst du dir die Produkte ab, die du benötigst. Das spart nicht nur Plastik, sondern wirkt auch der Lebensmittelverschwendung entgegen. Denn du bestimmst selbst, wie viel du dir abfüllst. Es gibt keine standardisierten Portionsgrößen, sodass du nur einkaufst und bezahlst, was du auch wirklich brauchst.

zerowastemap.org

Jutebeutel: Um beim Einkaufen nicht auf Plastiktüten zurückgreifen zu müssen, solltest du immer einen Jute- oder Stoffbeutel in deiner Tasche dabei haben. So bist du auch für Spontaneinkäufe gewappnet. Stoffbeutel kannst du immer wiederverwenden, wodurch du automatisch deinen Plastikkonsum reduzierst. Bei Bedarf kannst du sie waschen und sie strahlen wieder wie neu. Stoffbeutel erhältst du mittlerweile in vielen Supermärkten. Alternativ kannst du sie dir auch online bestellen.[29]

Wasser: Wie bereits erwähnt, kannst du Wasser statt in Plastikflaschen auch in Glasflaschen kaufen. Alternativ kannst du aber auch auf Leitungswasser zurückgreifen. Leitungswasser kann in Deutschland bedenkenlos getrunken werden. Wenn du allerdings in einem sehr alten Haus wohnst, solltest du deine Wasserqualität testen lassen. Früher wurden noch Bleirohre verbaut. Das Blei kann in das Wasser übergehen, was sich negativ auf die Gesundheit auswirkt. In allen anderen Fällen musst du dir darüber keine Gedanken machen. Leitungswasser wird in Deutschland sogar strenger kontrolliert als gekauftes Mineralwasser. Zudem sparst du eine Menge Geld, wenn du auf Leitungswasser zurückgreifst und schonst nebenbei die Umwelt. Denn bei Leitungswasser fallen die Verpackung und der Transport weg, welche sich negativ auf die Klimabilanz auswirken. [30]

Bienenwachstücher: Frischhaltefolie und Alufolie kannst du kinderleicht durch Bienenwachstücher ersetzen. Das sind einfache Stofftücher, die mit Wachs überzogen sind, wodurch du sie bei Bedarf einfach abwaschen und wiederverwenden kannst. Gleichzeitig hältst du damit deine Lebensmittel länger frisch. Bienenwachstücher kannst du für nahezu alle Lebensmittel nutzen und sie einfach damit umwickeln oder abdecken. Viele Läden, vor allem Bio- und Unverpackt Läden bieten diese Alternative mittlerweile an. Oder du bestellst sie online. Bienenwachstücher gibt es in unterschiedlichen Größen, sodass du sie je nach Bedarf bereits in der passenden Größe kaufen kannst.

Lebensmittellagerung: Um deine Lebensmittel zu lagern, kannst du, wie oben bereits erwähnt, auf Bienenwachstücher zurückgreifen. Ansonsten solltest du immer ein paar Vorratsgläser parat haben, um deine Lebensmittel darin aufzubewahren. Dadurch sparst du dir unzählige Plastikverpackungen. Wenn du gekochte Speisen lagern möchtest, kannst du ebenfalls auf Glasbehälter zurückgreifen. Auch diese gibt es in unterschiedlichen Größen und Variationen, sodass sich für jeden Bedarf die richtige Aufbewahrung finden lässt. Damit du nicht alle Vorratsgläser neu kaufen musst, kannst du die Gläser von gekauften Lebensmitteln, wie beispielsweise Marmeladengläser oder Gurkengläser aufbewahren. Damit sparst du Geld und Ressourcen. Spüle sie nach deinem Verzehr einfach aus und sie sind direkt wieder einsatzfähig.

Für unterwegs: Wenn du unterwegs bist und dir etwas zu Essen mitnimmst, solltest du dieses in Brotdosen füllen. Damit sparst du dir Papier- und Plastiktüten. Brotdosen kannst du immer wieder verwenden, was sich langfristig auf die Umwelt und deinen Geldbeutel auswirken wird. Nimm dir auch Besteck von zu Hause mit, wenn du dieses zum Essen benötigst. Greife dabei aber nicht auf Plastikbesteck zurück, sondern verwende am besten einfach das Besteck, das du schon zu Hause hast. Alternativ gibt es auch extra Besteck für unterwegs, welches nicht aus Plastik hergestellt ist. Trinkst du unterwegs und/oder auf dem Weg zur Arbeit gerne Kaffee, dann besorge dir einen eigenen, wiederverwendbaren To-go-Becher. Diesen kannst du dir in den meisten Cafés einfach auffüllen lassen. Viele Cafés bieten sogar einen Rabatt an, wenn man seinen eigenen Becher mitbringt. Gleichzeitig sparst du eine ganze Menge Müll.

Kochutensilien: Auch in der Küche kannst du eine Menge an Plastik einsparen. Ersetze beispielsweise deine Plastik-Kochutensilien wie Kochlöffel, Pfannenwender, Siebe, Schneidebretter etc. durch Holz oder Metall. Das bedeutet nicht, dass du deine jetzigen Kochutensilien einfach wegwerfen sollst. Das wäre nicht Sinn der Sache. Entscheide dich stattdessen das nächste Mal, wenn es Zeit ist, diese zu ersetzen, direkt für eine umweltfreundlichere Alternative. So stellst du auch sicher, dass sich beim Kochen mit heißen Temperaturen kein Mikroplastik in deinem Essen wiederfindet.[31]

Schritte gegen Lebensmittelverschwendung

Zu einer nachhaltigen Ernährung zählt auch, dass du keine Lebensmittel verschwendest. Während andere Menschen verhungern, werden gleichzeitig ein Drittel aller Lebensmittel weggeworfen. Zudem werden viele Lebensmittel aufwendig produziert und verbrauchen dadurch Ressourcen. Werfen wir die Lebensmittel weg, dann wurden die Ressourcen also unnötig verschwendet. Zu diesen Ressourcen gehören Wasser, Energie, Dünger, Ackerland, die Verarbeitung und der Transport. Gleichzeitig gelangen Treibhausgase durch die Produktion in die Atmosphäre. In Summe sind das jährlich 3,3 Gigatonnen. Im gleichen Zuge werden jährlich rund 1,3 Mrd. Tonnen der produzierten Lebensmittel verschwendet. Allein in

Deutschland sind es 18 Millionen Tonnen. Die Lebensmittelverschwendung hat damit einen massiven Einfluss auf unsere Umwelt.

Knapp 40 % dieser Lebensmittelverschwendung gehen dabei auf uns Konsumenten zurück. Damit haben wir einen sehr großen Einfluss auf die Lebensmittelverschwendung. Das bedeutet aber auch, dass wir einen aktiven Teil dazu beitragen können, diese merklich zu reduzieren. Und das ist gar nicht so schwer!

Lebensmittel werden bereits im Handel häufig aussortiert und weggeworfen. Sei es wegen einer falschen Form, Farbe oder Größe. Weichen die Lebensmittel von der Norm ab, werden sie weggeworfen, da sie sich nicht mehr gut verkaufen lassen. Auch Ware, die kurz vor dem Mindesthaltbarkeitsdatum steht, wird in der Regel aussortiert.

In den Haushalten werden Lebensmittel weggeworfen, weil sie durch falsche Lagerung verdorben sind. Zudem werden Lebensmittel aussortiert, wenn sie das Mindesthaltbarkeitsdatum überschritten haben, was jedoch nicht zwingend heißt, dass die Lebensmittel tatsächlich schon verdorben sind. Ein weiterer Grund ist häufig, dass zu viel eingekauft wurde und die Menge nicht rechtzeitig verbraucht werden konnte.

Wir haben hier ein paar Tipps für dich, wie du persönlich die Lebensmittelverschwendung reduzieren und damit einen aktiven Beitrag leisten kannst.

Mindesthaltbarkeitsdatum: Viele Lebensmittel sind mit einem Mindesthaltbarkeitsdatum versehen. Die Betonung liegt auf MINDESThaltbarkeitsdatum. Anders als das Haltbarkeitsdatum „zu verbrauchen bis …" besagt das Mindesthaltbarkeitsdatum, dass die Lebensmittel garantiert bis zu diesem Datum haltbar sind. Das ist eine Absicherung der Hersteller. Das bedeutet aber nicht, dass die Lebensmittel direkt am nächsten Tag ungenießbar werden. Die Lebensmittel wissen schließlich nichts von dem aufgedruckten Datum auf der Verpackung. Daher solltest du Lebensmittel,

die das Datum überschritten haben, nicht einfach achtlos in den Müll werfen. Öffne die Produkte und beurteile sie nach gesundem Menschenverstand. Nutze deine Sinne. Wie sieht das Produkt aus? Wie riecht es? Wie schmeckt es? Wenn du keinen Unterschied feststellen kannst, dann kannst du das Produkt bedenkenlos essen.
In vielen Supermärkten findest du mittlerweile auch spezielle Regale mit Lebensmitteln nahe dem Verfallsdatum, die zu einem stark reduzierten Preis angeboten werden. Nach dem gleichen Prinzip betreibt das Berliner Startup *SIRPLUS* einen Onlineshop sowie ganze Rettermärkte mit einem breiten Sortiment an geretteten Lebensmitteln.

sirplus.de

Resteverwertung: Frische Lebensmittel, die nicht mehr schön aussehen, weil sie bereits zu lange gelagert worden sind, kannst du ebenfalls noch problemlos weiterverarbeiten. Vielleicht ist das Gemüse nicht mehr so knackig oder das Obst schon ein bisschen matschig. Gemüse, das nicht mehr so frisch ist, kannst du einfach als Suppe verwerten. Hier werden die Zutaten sowieso püriert und der Geschmack leidet nicht unter dem Aussehen. Aus Obst kannst du beispielsweise einen fruchtigen Smoothie zubereiten und braune Banane eignen sich wunderbar für ein leckeres Bananenbrot. Oder du machst eine feine Fruchtsoße daraus und verwendest sie für einen Kuchen oder ein Dessert. Es gibt also viele Möglichkeiten, um Gemüse- und Obstreste noch zu retten.

Lebensmittel mit Schönheitsfehlern: Wenn wir einkaufen gehen, kaufen wir häufig die schönsten und besten Lebensmittel. Vielleicht hast du dich auch schon einmal dabei ertappt, wie du in der Obst- und Gemüseabteilung das schönste Gemüse oder Obst herausgesucht hast. Da dies auch der Einzelhandel weiß, wirft er „unschöne“ Lebensmittel häufig viel zu früh weg. Du kannst dem entgegenwirken, indem du bewusst krummes Obst und Gemüse kaufst. Damit verhinderst du, dass diese Lebensmittel weggeworfen werden, und setzt gleichzeitig auch ein Signal, dass diese

Lebensmittel trotzdem gefragt sind. Lebensmittel, die von der Norm abweichen, schmecken mindestens genauso gut. Vielleicht sogar ein bisschen besser, weil du weißt, dass du etwas für unsere Umwelt getan und der Lebensmittelverschwendung entgegengewirkt hast.

Das Unternehmen *etepetete* hat es sich zur Aufgabe gemacht, genau diese Lebensmittel zu retten. Zusammen mit einem Netzwerk an ausgewählten Bio-Landwirten haben sie ein „Auffangbecken" für bestes Obst und Gemüse geschaffen, das nicht ganz der Norm entspricht. Egal ob krumm oder schief, hier zählt nur der Geschmack. Die Bioprodukte werden über den Onlineshop vertrieben und klimaneutral direkt an deine Haustür geliefert.

etepetete-bio.de

Richtige Lagerung: Viele Lebensmittel verderben zu Hause, weil sie falsch gelagert wurden. Du solltest dich daher einmal genauer damit auseinandersetzen, wie welches Gemüse gelagert werden sollte, damit es so lange wie möglich frisch bleibt. Manche Lebensmittel sollten beispielsweise kühl und dunkel oder im Kühlschrank gelagert werden, während du andere am besten bei Zimmertemperatur aufbewahrst. Angeschnittenes Obst und Gemüse solltest du besonders schützen, damit die Schnittstelle keinen Schimmel ansetzt. Hier eignen sich Bienenwachstücher besonders gut. Sie ersetzen Frischhaltefolie, sind dabei aber sehr viel nachhaltiger und produzieren keinen Müll, da man sie immer wieder verwenden kann.

Einkaufsplanung: Damit du nicht zu viele Lebensmittel auf einmal lagern musst, solltest du dir vor jedem Einkauf einen Plan machen. Hier schreibst du auf, welche Lebensmittel du wirklich benötigst. Wichtig ist, dass du dich während des Einkaufes strikt an diese Liste hältst und keine weiteren Lebensmittel einkaufst, nur weil sie vielleicht im Sonderangebot sind. Wenn du dir deinen Einkaufsplan erstellst, überlege dir, was du die nächsten Tage essen und kochen möchtest. Dann notierst du alle Lebensmittel, die du dafür noch einkaufen musst. So stellst du sicher, dass du nicht zu viel kaufst. Darüber hinaus weißt du direkt, was du kochen sollst und musst dir darüber keine Gedanken mehr machen.

Lebensmittel weiterverarbeiten: Solltest du doch einmal zu viel eingekauft haben, dann hast du die Möglichkeit, deine Lebensmittel länger haltbar zu machen. So kannst du deine Lebensmittel zum Beispiel einfrieren oder einkochen. Auch bereits gekochte Speisen kannst du in der Regel gut einfrieren. Das hat auch den Vorteil, dass du ein bereits fertiges Essen im Gefrierschrank hast, auf das du zurückgreifen kannst, wenn du einmal keine Zeit zum Kochen oder Einkaufen hast. Wenn du Obst und Gemüse einfrieren möchtest, dann bereite sie so weit vor, dass du sie direkt weiterverarbeiten kannst. Das bedeutet, du solltest die entsprechenden Lebensmittel bei Bedarf schälen und klein schneiden. Dann kannst du sie bei Bedarf direkt in den Topf werfen und kochen. Gefrorenes Obst eignet sich gut für Smoothies oder warmes Porridge.

Apps gegen Lebensmittelverschwendung: Mittlerweile gibt es auch einige Apps, die sich gegen die Lebensmittelverschwendung einsetzen. Eine davon ist beispielsweise *Foodsharing*. Das ist eine Plattform, auf der jeder übrig gebliebene Lebensmittel anbieten kann. Anstatt die Lebensmittel wegzuwerfen, teilt man sie also einfach mit seinen Mitmenschen. Die anderen wiederum können die Lebensmittel einfach bestellen.

foodsharing.de

Eine andere App ist *Too Good To Go*. Hier können Händler und Verkäufer übrig gebliebene Lebensmittel zu einem vergünstigten Preis anbieten. Die Konsumenten bestellen die gewünschten Produkte einfach über die App und holen sie dann ab. Es werden nicht nur frische Lebensmittel angeboten, sondern auch bereits fertige Gerichte. Denn auch viele Restaurants, Cafés oder Bäcker beteiligen sich an dem Projekt. Damit leisten Händler und Konsumenten gleichermaßen einen Beitrag, um die Lebensmittelverschwendung zu reduzieren.[32]

toogoodtogo.de

LEBENSMITTELWISSEN

In diesem Kapitel erfährst du alles, was du über eine gesunde Ernährung wissen musst. Wir betrachten die einzelnen Bestandteile der verschiedenen Nahrungsmittel und welche Wirkung sie auf den menschlichen Körper haben. Durch die richtige Kombination der verschiedenen Lebensmittel kannst du deinen Körper mit allen wichtigen Nährstoffen, Vitaminen und Mineralstoffen versorgen. Zudem schauen wir uns auch nach gesunden und nachhaltigen Alternativen zu beliebten Lebensmitteln um. Mit diesem Wissen bist du bestens gewappnet und kannst deine Ernährung zukünftig nach bestem Gewissen gestalten.[33]

Obst

Obst ist wie Gemüse reich an vielen wichtigen Vitamine, Mineralstoffen, Ballaststoffen und sekundären Pflanzenstoffen. Außerdem besitzen sie eine sehr hohe Nährstoffdichte. Obst sollte daher täglich auf deinem Speiseplan stehen. Im Idealfall verzehrst du mindestens 2 Portionen Obst pro Tag. Eine Portion sollte dabei ungefähr in deine Hand passen oder eine Tasse füllen. Das gilt sowohl für die volle Frucht als auch für klein geschnittenes Obst.

Sollte es dir schwerfallen, über den Tag verteilt genügend Obst zu essen, kannst du dieses auch perfekt in Form eines Smoothies zu dir nehmen. So kommst du auf einfache Art und Weise auf die empfohlene Tagesmenge. Zudem werden durch das Pürieren die Zellwände aufgebrochen, sodass unser Körper die Nährstoffe, die im Obst enthalten sind, besser aufnehmen und verwerten kann. Smoothies kannst du beispielsweise perfekt als Frühstücksersatz trinken. Dadurch versorgst du deinen Körper bereits in den frühen Morgenstunden mit allen wichtigen Nährstoffen und bist den Tag über besonders leistungsfähig. Dies ist besonders für Personen, die nicht gerne frühstücken von Vorteil. Das Trinken des Frühstücks fällt vielen Menschen tatsächlich wesentlich leichter.

Obwohl Obst natürlicherweise Fruchtzucker enthält, ist er in dieser Form nicht schädlich. Obst besteht nämlich nicht nur aus Zucker, sondern besitzt noch weitere wichtige Nährstoffe. Es ist damit ein vollwertiges Produkt, wodurch der Fruchtzucker keine gesundheitsschädlichen Auswirkungen hat.

Bei der nachfolgenden Betrachtung der einzelnen Obstsorten und ihren positiven Eigenschaften für deinen Körper haben wir uns an dem Saisonkalender orientiert, um dir damit den Umstieg auf eine nachhaltige Ernährung zu erleichtern.

▶ Winter

Äpfel: Äpfel werden vorrangig im Herbst geerntet. Durch ihre gute Lagerfähigkeit sind sie aber auch über den ganzen Winter erhältlich. In der Schale stecken besonders viele wichtige Nährstoffe, weshalb diese unbedingt mitgegessen werden sollte. Äpfel enthalten sehr viel Vitamin C und Vitamin E. Dadurch stärken sie unser Immunsystem, was gerade im Winter von großem Vorteil ist. Ferner sind sie reich an Vitamin A, Vitamin B1 und B2, Natrium und Kalium.[34]

Hagebutten: Hagebutten sind ebenfalls im Winter erhältlich. Auch sie enthalten viel Vitamin A und C. Damit schützen sie nicht nur die Abwehrkräfte, sondern auch die Sehkraft, Schleimhäute und das Zellwachstum. Zudem sind Hagebutten reich an sekundären Pflanzenstoffen, die eine entzündungshemmende Wirkung im Körper haben. Auch Pektin ist in hohen Mengen enthalten. Pektin fördert die Verdauung und kann Giftstoffe im Körper binden.

Birnen: Birnen lassen sich ebenfalls gut lagern und sind trotz Herbsternte auch in den Wintermonaten erhältlich. Birnen liefern besonders viele B-Vitamine, vor allem Vitamin B2. Damit wirken sich Birnen förderlich auf den Stoffwechsel aus. Zudem sind sie reich an Kalium und regulieren damit den Wasserhaushalt im Körper. Daneben enthalten sie rund 6 g Ballaststoffe pro 100 g.

▶ Frühling

Erdbeeren: Nahezu jeder wartet jährlich auf die beliebte Erdbeersaison. Doch Erdbeeren sind nicht nur äußerst lecker, sondern dazu auch überaus gesund. Erdbeeren enthalten besonders viel Folsäure, weshalb sie sich perfekt für Schwangere eignen. Überdies stecken Erdbeeren voller Vitamin C und sekundären Pflanzenstoffe. Sie sind damit perfekte kleine Helfer, um sich vor Krankheiten und freien Radikalen zu schützen.

Pfirsiche: Pfirsiche sind reich an Vitamin A und fördern damit ein schönes Hautbild. Zudem enthalten Pfirsiche besonders viel Vitamin K und schützen uns damit vor Herz-Kreislauf-Erkrankungen. Auch Kalium, Vitamin E und C sowie sekundäre Pflanzenstoffe sind in ausreichender Menge enthalten. Außerdem sind sie sehr säurearm und werden auch von Personen mit einem empfindlichen Magen gut vertragen.

▶ Sommer

Brombeeren: Brombeeren enthalten viel Calcium und Phosphor und stärken damit Knochen und Zähne. Daneben enthalten sie durch ihre dunkle Farbe besonders viele natürliche Pflanzenfarbstoffe. Diese fangen freie Radikale im Körper ab und schützen die Zellen. Zudem sind sie ein perfektes Anti-Aging Mittel, da sie besonders reich an Vitamin E und A sind. Weiterhin enthalten sie viel Pektin, Kalium, Eisen und Vitamin C.

Heidelbeeren: Heidelbeeren sind ein besonders gutes Antioxidans. Sie sind reich an natürlichen Farbstoffen, Vitamin A, Vitamin B und Vitamin C. Damit dienen sie unserem Zellschutz und wirken Alterungsprozessen entgegen. Darüber hinaus schützen uns Heidelbeeren auch vor Herz-Kreislauf-Erkrankungen, fördern die Darmflora und die Blutbildung.

Kirschen: Auch Kirschen zeichnen sich durch einen hohen Gehalt an Antioxidantien aus. Zudem regulieren sie durch das enthaltene Kalium den Wasserhaushalt im Körper, beugen Rheuma und Arthritis vor und liefern dem Körper die nötige Menge an Folsäure. Letzteres macht sie zu einer tollen Frucht für Schwangere.

▶ Herbst

Weintrauben: Weintrauben dienen nicht nur zur Herstellung von Wein, sondern sind auch ein wahres Superfood. Durch das enthaltene Resveratrol fördern sie die Gedächtnisleistung und können sogar Demenz vorbeugen. Überdies wirkt sich der Pflanzenstoff positiv auf das Herz aus und fördert die Durchblutung. Auch der Cholesterinspiegel kann durch den Verzehr von Weintrauben gesenkt und rheumatischen Erkrankungen vorgebeugt werden.

Quitten: Quitten sind ebenfalls ein tolles Herbstobst. Sie sind reich an sekundären Pflanzenstoffen und enthalten viel Vitamin C. Damit stärken sie das Immunsystem und die Abwehrkräfte. Zudem wirken sie antibakteriell und bekämpfen schädliche Bakterien, wodurch sie auch die Verdauung regulieren und die Darmflora positiv beeinflussen können. Ferner enthalten sie verhältnismäßig viel Kupfer.

Zwetschgen: Zwetschgen enthalten viel Kalium und wirken dadurch entwässernd. Sie sind außerdem reich an verschiedenen B-Vitaminen, wodurch sie einen positiven Einfluss auf das Nervensystem und den Stoffwechsel haben. Auch Ballaststoffe, Vitamin A und schützende Pflanzenfarbstoffe lassen sich in hohen Mengen in Zwetschgen finden.

Gemüse

Gemüse enthält genauso wie Obst viele wichtige Nährstoffe. Anders als Obst kann Gemüse jedoch nur 1-2 Mal im Jahr geerntet werden, bevor es erneut ausgesät werden muss. Gemüse nimmt in unserer Ernährung trotzdem einen noch höheren Stellenwert als Obst ein. Gemüse enthält nämlich so gut wie keinen Zucker und kann mit einem hohen Gehalt an Vitaminen und Mineralien, Ballaststoffen sowie sekundären Pflanzenstoffen punkten. Darüber hinaus enthält Gemüse in der Regel nur wenige Kalorien, da es zu einem großen Teil aus Wasser besteht. Gemüse sollte daher den Hauptbestandteil unserer Ernährung ausmachen. Pro Tag solltest du mindestens 3 Portionen Gemüse zu dir nehmen. Die Portionsgröße entspricht genau wie beim Obst ebenfalls der Größe einer Hand oder Tasse. Auch Gemüse kannst du in Form von Smoothies zu dir nehmen, wenn du ansonsten nicht auf die empfohlene Tagesmenge kommst.

Bei der nachfolgenden Beschreibung der einzelnen Gemüsesorten haben wir uns ebenfalls wieder an dem Saisonkalender orientiert. Dadurch erfährst du direkt, welche Gemüsesorten wann regional erhältlich sind.

► Winter

Lauch: Lauch ist auch unter dem Namen Porree bekannt. Lauch enthält viele ätherische Öle, die die Darmflora positiv beeinflussen und dadurch die Verdauung regulieren, sowie die Abwehrkräfte stärken. Zudem wirken die ätherischen Öle antibakteriell und können Erkältungsbeschwerden lindern. Weiterhin ist Lauch ein guter Vitamin-C-Lieferant und ist im Gegensatz zu Zwiebeln sehr bekömmlich.

Rosenkohl: Rosenkohl ist ebenfalls ein klassisches Wintergemüse. Er ist reich an Ballaststoffen, Vitamin C, Vitamin A sowie B-Vitaminen. Durch den extrem hohen Vitamin-C-Gehalt stärkt er die Abwehrkräfte in der kalten Jahreszeit besonders gut. Auch Eisen ist in geringen Mengen in Rosenkohl enthalten. Zudem regt er die Verdauung an und ist dabei ebenfalls sehr bekömmlich.

Grünkohl: Grünkohl enthält die doppelte Menge unseres Tagesbedarfs an Vitamin C. Zudem liefert er viel Vitamin A und Kalium sowie Eisen. Damit eignet er sich besonders gut für Vegetarier und Veganer sowie für Personen, die unter einem Eisenmangel leiden. Auch Calcium und Phosphor sowie Folsäure und Vitamin E sind in ausreichender Menge im Grünkohl enthalten.

▶ Frühling

Spargel: Spargel kurbelt den Stoffwechsel an und unterstützt den Körper beim Ausscheiden von Giftstoffen. Zudem ist Spargel durch den sekundären Pflanzenstoff Saponin ein wahrer Muntermacher. Auch Folsäure und Zink sind in Spargel enthalten. Außerdem ist Spargel ein natürliches Aphrodisiakum.

Radieschen: Radieschen erscheinen zwar unscheinbar, sind aber durchaus sehr gesund. Sie können durch die enthaltenen Ballaststoffe und ätherischen Öle die Verdauung anregen und das Sättigungsgefühl regulieren. Außerdem beugen sie Diabetes und Krebs vor, wirken entzündungshemmend und enthalten Vitamin C.

Spinat: Spinat enthält zwar nicht ganz so viel Eisen wie lange Zeit angenommen, es befindet sich aber dennoch in ausreichend hohen Mengen im Spinat. Durch das ebenfalls enthaltene Vitamin C kann das Eisen besonders gut vom Körper aufgenommen werden. Weiterhin ist Spinat reich an Vitamin A, Vitamin E, Kalium sowie Magnesium.

Rhabarber: Rhabarber ist eines der ersten heimischen Gemüse, das bereits im März geerntet werden kann. Rhabarber besitzt relativ viel Oxalsäure. Diese bekämpft schädliche Bakterien im Magen-Darm-Trakt und fördert damit eine gesunde Verdauung. Zudem enthält Rhabarber den Gerbstoff Tannin sowie viel Kalium und Calcium. Dadurch hilft er dem Körper zu entwässern und Giftstoffe auszuscheiden. Rhabarber eignet sich also hervorragend zum Detoxen.

▶ Sommer

Zucchini: Zucchini sind das perfekte Sommergemüse. Sie bestehen zu einem großen Teil aus Wasser und enthalten nur wenige Kalorien. Dadurch eignen sie sich perfekt für leichte Mahlzeiten an heißen Sommertagen. Daneben sind sie reich an Vitamin C und Kalium und wirken damit nicht nur entwässernd, sondern schützen auch vor Herz-Kreislauf-Erkrankungen.

Paprika: Paprika gibt es in unterschiedlichen Farben. Die Farbe wirkt sich nicht auf die gesundheitlichen Vorteile aus, sondern beeinflusst lediglich den Geschmack. Paprika enthält viel Vitamin A und ist aufgrund des hohen Vitamin-C-Gehaltes ein sehr gutes Antioxidans. Zudem stärken Paprika das Immunsystem und können durch die sekundären Pflanzenstoffe sogar Diabetes vorbeugen.

Tomaten: Tomaten sind wertvolle Lieferanten für Lycopin. Lycopin ist ein starkes Antioxidans und schützt den Körper vor freien Radikalen. Darüber hinaus liefern Tomaten wertvolles Vitamin C und Vitamin A. Durch den Verzehr von Tomaten kann zudem Schlaganfällen und sogar Krebs vorgebeugt werden. Weiterhin enthalten Tomaten viel Kalium, Magnesium sowie Folsäure.

▶ Herbst

Hokkaido-Kürbis: Der Hokkaido-Kürbis weist einen hohen Gehalt an Kalium auf. Dadurch gleicht er den Wasserhaushalt im Körper aus. Das enthaltene Vitamin A stärkt die Sehkraft, beugt Alterungsprozessen vor und fördert das Zellwachstum. Zudem enthält der Hokkaido verschiedene B-Vitamine sowie natürliche Pflanzenfarbstoffe, die unsere Zellen schützen.

Knollensellerie: Knollensellerie ist vielen wahrscheinlich als Suppengemüse bekannt. Doch Knollensellerie ist viel mehr und sollte in einer gesunden Ernährung eine deutlich größere Rolle spielen. Die ätherischen Öle im Sellerie wirken sich beruhigend auf den Magen-Darmtrakt aus und haben zudem antibakterielle Eigenschaften. Er reguliert außerdem die Verdauung und kann Abhilfe bei Blähungen schaffen. Des Weiteren hat Knollensellerie eine positive Wirkung auf das Nervensystem und ist ein natürliches Aphrodisiakum.

Rotkohl: Rotkohl ist extrem gesund und enthält sehr viele Mineralstoffe wie Selen, Magnesium, Phosphor, Kalium, Zink und Eisen. Zudem ist Rotkohl reich an Flavonoiden und Phänomen, welche starke Antioxidantien sind. Rotkohl ist auch ein guter Vitamin-K-Lieferant und hat damit eine schützende Wirkung auf das Herz. Außerdem kann Rotkohl durch den enthaltenen Pflanzenfarbstoff Anthocyan Depressionen vorbeugen.

Proteine

Proteine gehören zusammen mit Kohlenhydraten und Fetten zu den drei Makronährstoffen. Du kennst Proteine wahrscheinlich auch unter dem Namen „Eiweiße“. Sie liefern dem Körper die wichtigen Aminosäuren, ohne die der Mensch nicht überleben kann. Proteine sind also für deinen Körper unverzichtbar. Sie sind nicht nur für den Aufbau von Muskeln wichtig, sondern auch für dein Immunsystem. Die Antikörper des Immunsystems bestehen nämlich zum Teil aus Aminosäuren. Proteine sind aber auch für die Bildung deiner Hormone und Enzyme sowie Zellen und Gewebe verantwortlich. Zudem sind sie wichtige Energielieferanten. Da dein Körper acht der 20 essenziellen Aminosäuren nicht von alleine herstellen kann, ist genügend Eiweiß unabdingbar für eine gesunde Ernährung. Sie müssen also in Form von Proteinen über die Nahrung aufgenommen werden.

Du solltest jedoch darauf achten, die richtigen Eiweiße zu konsumieren. Nicht nur die Quantität der Proteine ist von Bedeutung, sondern auch die Qualität. Eine Mischung aus pflanzlichen und tierischen Eiweißen ist für den Körper am besten, da sie die höchste biologische Wertigkeit haben. Die biologische Wertigkeit zeigt an, wie viel Körperprotein aus 100 g Nahrungsprotein hergestellt werden können. Generell kann unser Körper tierisches Eiweiß besser verwerten, da die Aminosäuren unseren eher gleichen. Sie haben also prinzipiell eine biologisch höhere Wertigkeit, weshalb wir weniger davon aufnehmen müssen, als von pflanzlichen Eiweißen.[35]

Zu viel tierisches Eiweiß hat aber auch einen gegenteiligen Effekt und kann deiner Gesundheit langfristig schaden. Besonders, wenn du bereits etwas älter bist, solltest du mehr pflanzliche Proteine zu dir nehmen. Im Gegensatz zu tierischen Proteinen erhöhen pflanzliche Proteine die Chance, gesund zu altern. Sie senken das Risiko später an Herz-Kreislauf-Erkrankungen, Nierenerkrankungen, Diabetes und Krebs zu leiden.

Grund dafür ist, dass wir bei der Aufnahme von tierischen Proteinen automatisch auch andere Nährstoffe zu uns nehmen, die einen eher negativen Effekt auf unseren Körper haben. Dazu gehören beispielsweise gesättigte Fettsäuren und Cholesterin. Zudem liefern sie außer Proteinen wenig andere gesunde Nährstoffe und Vitamine.
Tierische Proteine wirken außerdem sauer in unserem Körper, während pflanzliche Proteine basisch wirken. Zu viel Säure belastet nicht nur unsere Nieren, sondern führt auch zu Bluthochdruck und Diabetes. Doch

tierische Proteine beinhalten nicht nur zu viel Säure, sondern auch zu viele gesättigte Fettsäuren. Das kann langfristig zu einer Insulinresistenz führen, da unsere Bauchspeicheldrüse durch zu viel tierisches Eiweiß vermehrt das Hormon Insulin produziert, was jedoch bei einer Überproduktion immer schlechter vom Körper erkannt wird. Diese Insulinresistenz endet häufig in Diabetes mellitus.[36]
Der Fokus deiner Ernährung sollte daher auf einer Mischung aus pflanzlichen Eiweißen und tierischen Proteinen liegen. Wir empfehlen dir eine Kombination aus 70 % pflanzlichen und 30 % tierischen Eiweißen. Dein Körper wird es dir auf lange Sicht danken! Darüber hinaus kannst du deine Ernährung sehr viel nachhaltiger gestalten, wenn du den Fokus auf pflanzliche Proteine legst. Schließlich ist dies eine gute Möglichkeit, um deinen Konsum von tierischen Produkten zu reduzieren. Es gibt viele gute Alternativen zu tierischen Proteinen, sodass dein Körper nicht auf diese angewiesen ist.

Pro Kilo solltest du ungefähr 0,8 g Eiweiß pro Tag konsumieren, um deinen Eiweißbedarf abzudecken. Dieser Bedarf wird in den meisten Fällen durch eine gesunde und ausgewogene Ernährung ausreichend gedeckt. Oft nehmen wir sogar mehr Protein zu uns, als wir eigentlich brauchen. Dies hat jedoch in der Regel keine schädlichen Auswirkungen. Überflüssige Proteine werden einfach wieder über die Nieren ausgeschieden.[35]

▶ Pflanzliche Proteine

Tofu: Tofu enthält rund 15 g Eiweiß pro 100 g. Daneben enthält Tofu weitere wichtige Nährstoffe wie Calcium, Folsäure, Magnesium und Eisen. Dazu kommen B-Vitamine, E-Vitamine, sekundäre Pflanzenstoffe sowie essenzielle Aminosäuren.[37]

Linsen: Linsen enthalten 9 g Eiweiß pro 100 g und sind sehr variantenreich. Es gibt rote, schwarze, grüne, gelbe und braune Linsen. Sie sind voll von Ballaststoffen, essenziellen Aminosäuren, B-Vitaminen, Magnesium und Zink.[38]

Kichererbsen: Kichererbsen enthalten ebenfalls 9 g Eiweiß pro 100 g. Sie beinhalten viele gesunde Ballaststoffe und haben einen hohen Eisen- und Calciumgehalt. Daneben liefern sie wichtige Nährstoffe wie Folsäure, Zink, Magnesium, Phosphor und Kalium.[39]

Kidneybohnen: Kidneybohnen enthalten auch 9 g Eiweiß pro 100 g und zudem eine Menge Magnesium und Flavonoide. Flavonoide schützen die Zellen vor freien Radikalen und damit vor Zellschädigungen.

Quinoa: Quinoa enthält 16 g Eiweiß pro 100 g. Sie sind damit ein wichtiger Proteinlieferant. Quinoa gibt es als weiße, rote und schwarze Samen. Ferner enthalten sie essenzielle Aminosäuren, komplexe Kohlenhydrate, gesunde Ballaststoffe, wichtige B-Vitamine sowie Eisen und Magnesium.[40]

Dinkel: Dinkel enthält 10 g Eiweiß pro 100 g. Dabei sollte Dinkel immer als volles Korn oder Vollkornmehl verzehrt werden, um von den vielen Nährstoffen wie B-Vitaminen, Vitamin A, C und E sowie Calcium, Phosphor, Eisen, Zink und Magnesium zu profitieren.[41]

Haferflocken: Haferlocken enthalten 13 g Eiweiß pro 100 g. Sie liefern außerdem wichtige Ballaststoffe sowie Magnesium, Phosphor, Eisen, Zink und B-Vitamine. Besonders B1 und B6 sind in hohen Mengen in Haferflocken zu finden.[42]

Erdnüsse: Erdnüsse enthalten 26 g Eiweiß pro 100 g. Damit zählen sie zu den eiweißreichsten Nüssen. Darüber hinaus enthalten sie gesunde ungesättigte Fettsäuren, Vitamin E, Biotin, Kupfer, Folsäure, Magnesium und Phosphor.[43]

Cashew: Cashewkerne enthalten 18 g Eiweiß pro 100 g. Dazu besitzen sie viele ungesättigte Fettsäuren, Magnesium, Phosphor, B-Vitamine sowie die Aminosäure Tryptophan, aus der das Glückshormon Serotonin gebildet wird.[44]

Kürbiskerne: Kürbiskerne enthalten 25 g Eiweiß pro 100 g. Sie sind voll von Ballaststoffen, ungesättigten Fettsäuren und Vitamin E. Mit dem Hinzufügen von Kürbiskernen zu verschiedenen Gerichten kann auf einfache Art und Weise der Proteingehalt erhöht werden.

▶ Tierische Proteine

Eier: Eier enthalten 13 g Eiweiß pro 100 g. Sie haben von allen proteinreichen Lebensmitteln die höchste biologische Wertigkeit. Das meiste Eiweiß findet sich dabei im Eigelb. Außerdem liefern Eier viel Vitamin B12, D und K sowie Calcium, Selen und Eisen.[45]

Hähnchenfleisch: Hähnchenfleisch enthält 23 g Eiweiß pro 100 g. Dabei ist es sehr fettarm und beinhaltet viel Vitamin B1, B3 und Phosphor.

Rindfleisch: Rindfleisch enthält 19 g Eiweiß pro 100 g. Rindfleisch hat einen besonders hohen Eisenwert und liefert wichtige Omega 3 Fettsäuren und B-Vitamine.

Schweinefleisch: Schweinefleisch enthält 18 g Eiweiß pro 100 g und zusätzlich viele B-Vitamine sowie Eisen, Zink und Selen.

Lachs: Lachs enthält 20 g Eiweiß pro 100 g. Er ist besonders reich an Omega-3-Fettsäuren. Damit wirkt er sich positiv auf die Gesundheit von Herz und Gehirn aus.

Thunfisch: Thunfisch enthält 21 g Eiweiß pro 100 g. Auch Thunfisch besitzt viele Omega-3-Fettsäuren. Zudem ist er ein guter Eisenlieferant und versorgt unseren Körper mit Vitamin A.

Garnelen: Garnelen enthalten 20 g Eiweiß pro 100 g und sind reich an Jod, was sich positiv auf die Schilddrüse auswirkt.

Parmesan: Parmesan enthält 35 g Eiweiß pro 100 g. Daneben ist er ein wichtiger Kaliumlieferant. Parmesan hat verglichen mit anderen Käsesorten auch wenig Fett.

Joghurt: Joghurt enthält 3 g Eiweiß pro 100 g. Damit gehört er zwar nicht zu den Toplieferanten an Eiweiß, kann aber mit einem hohen Calciumgehalt und seinen positiven Effekten auf die Darmflora punkten.

Magerquark: Magerquark enthält 13 g Eiweiß pro 100 g. Magerquark ist besonders bei Sportlern beliebt, da er extrem wenig Fett, dafür aber viele Proteine enthält. Dazu ist Magerquark ebenfalls ein guter Calciumlieferant.[42]

Fette

Fette sind oft mit einem negativen Image behaftet. Doch Fette sind nicht gleich Fette. Sie lassen sich in gute und schlechte Fette unterscheiden. Grundsätzlich übernehmen sie wichtige Funktionen in deinem Körper. Sie lindern Entzündungsprozesse im Körper und regulieren die Blutgerinnung. Zudem schützen sie unser Gehirn sowie unsere Leber und Nieren. Fette sind neben Kohlenhydraten und Proteinen die wichtigsten Energielieferanten für unseren Körper. Allerdings haben sie im Vergleich zu Kohlenhydraten und Eiweißen mehr Kalorien. Du solltest sie daher sparsam verwenden und darauf achten, dass du die richtigen Fette zu dir nimmst. Fette unterscheiden sich zwischen gesättigten, einfach ungesättigten und mehrfach ungesättigten Fettsäuren sowie die Transfette. Gesättigte Fettsäuren und Transfette solltest du aus deinem Speiseplan weitestgehend streichen. Unser Körper kann diese Fettsäuren selbst produzieren, sodass sie nicht noch zusätzlich von außen zugeführt werden müssen.

Gesättigte Fettsäuren findest du vor allem in tierischen Lebensmitteln. Dazu zählen Butter, Sahne, Käse, Fleisch und Wurst. Transfette sind verarbeitete Fette, die du vorrangig in frittierten Speisen sowie Margarine findest. Hiervon solltest du unbedingt Abstand nehmen, da sie das Risiko erhöhen, an Herz-Kreislauf-Erkrankungen zu erkranken.[46]

Lege deinen Fokus besser auf ungesättigte Fettsäuren, denn diese kann unser Körper nicht selbst herstellen. Sie haben zwar vergleichsweise viele Kalorien, sind aber Träger für wichtige Körperfunktionen. Einfach ungesättigte Fettsäuren können von unserem Körper selbst hergestellt werden, wodurch sie nicht von außen zugeführt werden müssen. Bei den mehrfach ungesättigten Fettsäuren wird zwischen Omega-3-Fettsäuren und Omega-6-Fettsäuren unterschieden. Diese kann unser Körper nicht selbst herstellen. Omega 3 ist für die Bildung von Hormonen, die Stärkung des Immunsystems, die Gefäßerweiterung und Blutverdünnung zuständig. Zudem hat Omega 3 eine antioxidative Wirkung und schützt unsere Zellen vor freien Radikalen. Omega 6 ist der Gegenpart von Omega 3. Es reguliert den Blutdruck und ist für die Gefäßverengung, die Gerinnung des Blutes sowie für wichtige Wachstums- und Reparaturprozesse zuständig. Omega 6 und Omega 3 sollte in einem Verhältnis von 5:1 zueinander stehen. Während Omega 3 eine entzündungshemmende Wirkung hat, kann Omega 6 Entzündungen fördern. Du solltest daher nicht zu viele Omega-6-Fettsäuren (entsprechende Lebensmittel findest du nachfolgend bzw. auf den nächsten Seiten) zu dir nehmen, die in keinem Verhältnis mehr zum Omega 3 stehen. Sind sie hingegen ausgeglichen, wird ein entzündungsneutraler Zustand hergestellt. In diesem Zustand können alle wichtigen Körperprozesse ohne Probleme aufrecht erhalten werden.[47]

Ungesättigte Fettsäuren balancieren unsere Cholesterinwerte aus, gesättigte Fettsäuren hingegen lassen unseren Cholesterinwert nach oben schießen. Ungesättigte Fette sind essenziell, wenn du ein gesundes Leben führen möchtest. Viele Vitamine wie zum Beispiel Vitamin A, D, E und K können nur mithilfe von Fett von unserem Körper aufgenommen werden. Nehmen wir allerdings zu viel Fett auf, wird das überschüssige Fett in unseren Fettzellen gespeichert, was auf lange Sicht zu Übergewicht führt. Früher war die Speicherung von Fett in unserem Körper überlebensnotwendig, um längere Hungerperioden zu überbrücken. Heutzutage erleiden wir jedoch keinen Mangel mehr an Essen, sodass wir auf die richtige Zufuhr an Fetten achten müssen.[46]

▶ Omega 3

Leinöl: Leinöl kommt auf bis zu 70 % Omega-3-Fettsäuren und ist damit eines der gesündesten Öle, die es gibt. Es schützt das Herz, in dem es die Blutgerinnung und die Blutgefäßerweiterung fördert. Zudem gleicht es den Blutdruck aus und wirkt entzündungshemmend. Leinöl sollte stets kalt gepresst und in Bio Qualität verzehrt werden und darf zudem nicht erhitzt werden.

Rapsöl: Rapsöl enthält sowohl Omega 3, wie auch Omega-6-Fettsäuren in einem Verhältnis von 2:1. Es senkt den Cholesterinspiegel, reguliert den Blutdruck und wirkt sich positiv auf das Gehirn aus. Rapsöl kann auch hohen Temperaturen standhalten und eignet sich daher gut zum Kochen, Braten und Backen.

Chiasamen: Chiasamen enthalten nicht nur Omega-3-Fettsäuren, sondern liefern dem Körper auch wichtige Ballaststoffe. 100 g Chiasamen enthalten rund 34 g Ballaststoffe. Außerdem sind Chiasamen reich an Calcium, Magnesium, Vitamin C und Eisen.

Leinsamen: Leinsamen sind ebenfalls reich an Omega-3-Fettsäuren. Daneben liefern sie wertvolle Ballaststoffe und enthalten eine Menge Kalium, Eisen und Magnesium. Damit stärken sie die Nerven, das Gehirn und die Muskeln und tragen zur Blutbildung bei. Gleichzeitig regulieren sie den Wasserhaushalt des Körpers.

Walnüsse: Walnüsse enthalten von allen Nüssen die meisten Omega-3-Fettsäuren. Außerdem sind sie reich an Vitamin E und beugen damit

Alterungsprozessen vor. Weiterhin enthalten sie sekundäre Pflanzenstoffe, wichtige B-Vitamine und sind wertvolle Eiweißlieferanten.

Dunkles Blattgemüse: Dunkles und grünes Blattgemüse gehört zu den gesündesten Gemüsesorten, die es gibt. Sie enthalten nicht nur Omega-3-Fettsäuren, sondern sind außerdem reich an Chlorophyll, sekundären Pflanzenstoffen und Bitterstoffen. Zudem enthalten sie verhältnismäßig viel Eisen, Zink, Magnesium, Phosphor und Kalium sowie Vitamin C und Vitamin A. Zu den dunklen Blattgemüsen zählen unter anderem Salate, Kohlarten, Spinat und Mangold.[48]

Hering: Hering ist ebenfalls eine sehr gute Omega-3-Quelle. Daneben ist er reich an Vitamin A und B-Vitaminen, vor allem Vitamin B12. Zudem enthält er viel Vitamin D. Hering wirkt sich positiv auf das Gehirn, die Nerven, die Konzentration und die Blutbildung aus.

Makrelen: Makrelen enthalten rund 2,5 g Omega-3-Fettsäuren pro 100 g und sind zudem ein wichtiger Eiweißlieferant. Daneben enthalten sie viel Vitamin A sowie verschiedene B-Vitamine. Vor allem Niacin befindet sich in hohen Mengen in Makrelen. Niacin schützt unsere Zellen und kann Infektionen abwehren.

Sardinen: Sardinen sind neben vielen Omega-3-Fettsäuren auch reich an Niacin. 100 g Sardinen können dabei sogar schon den gesamten Tagesbedarf abdecken. Niacin reguliert wichtige Stoffwechselprozesse. Zudem enthalten Sardinen viel Vitamin B6 und Vitamin D und sind wichtige Eiweiß- und Jodlieferanten.

Lachs: Lachs schützt das Herz und stärkt die Gehirnleistung. Damit kann er sogar Alzheimer und Demenz sowie Herz-Kreislauf-Erkrankungen vorbeugen. Ferner liefert er viele Proteine und enthält vergleichsweise wenig Cholesterin.

Thunfisch: Thunfisch ist ebenfalls reich an Omega-3-Fettsäuren. Zeitgleich enthält er im Vergleich zu anderen Fischarten relativ viel Eisen. Auch

Vitamin A ist in hohen Mengen enthalten, wodurch die Sehkraft und eine gesunde Haut gefördert werden. Darüber hinaus schützt Thunfisch das Gehirn und senkt den Cholesterinspiegel.

▶ Omega 6

Sonnenblumenöl: Sonnenblumenöl ist ein wichtiger Omega-6-Lieferant und ganz nebenbei ein besonders nachhaltiges Öl, da es häufig aus regionalem Anbau stammt. Zudem ist es reich an Vitamin E, wodurch der Körper vor freien Radikalen geschützt wird. Auch Sonnenblumenöl kann zum Kochen, Braten und Backen eingesetzt werden, da es hohen Temperaturen standhält.

Distelöl: Distelöl ist reich an Linolsäure, die der Körper nicht selbst herstellen kann. Daneben enthält es viel Vitamin A und schützt damit die Sehkraft und die Schleimhäute. Durch das enthaltene Vitamin E schützt Distelöl zudem unsere Zellen. Auch Vitamin K ist in Distelöl zu finden, was sich positiv auf die Blutgerinnung und Knochenbildung auswirkt.[49]

Maiskeimöl: Maiskeimöl enthält eine hohe Menge an Omega-6-Fettsäuren. Daneben ist es reich an sekundären Pflanzenstoffen sowie Vitamin A, Vitamin C, Vitamin E und verschiedene B-Vitamine. Auch Eisen, Phosphor, Natrium, Kalium, Zink und Calcium lassen sich in Maiskeimöl finden.[50]

Sojaöl: Sojaöl unterstützt den Fettstoffwechsel und reguliert den Cholesterinspiegel. Dazu wirkt es Herz-Kreislauf-Erkrankungen entgegen und stärkt das Immunsystem. Es ist reich an Vitamin E und K und wirkt entzündungshemmend.

Kürbiskernöl: Kürbiskernöl ist überaus gesund. Es enthält hohe Mengen an Chlorophyll und kann die Eisenaufnahme des Körpers unterstützen.

Dazu beugt es Herz-Kreislauf-Erkrankungen vor, senkt den Cholesterinspiegel und schützt unsere Zellen, indem es freie Radikal einfängt. Grund dafür ist das enthaltene Vitamin E.

Olivenöl: Olivenöl ist reich an ungesättigten Fettsäuren und kann sogar die Fettverbrennung beschleunigen. Zudem schützt es vor Diabetes und enthält kaum Cholesterin. Olivenöl kann bedenkenlos erhitzt und damit auch zum Backen verwendet werden.

Avocado: Avocados sind nicht ohne Grund sehr beliebt. Sie enthalten sowohl Omega-6-Fettsäuren wie auch Omega-3-Fettsäuren. Dazu sind sie reich an B-Vitaminen und Lecithin. Dadurch regulieren sie den Stresspegel. Außerdem enthalten sie viel Magnesium, Vitamin E und Vitamin A.

Eier: Eier enthalten nicht nur Omega-6-Fettsäuren, sondern auch relativ viel Cholesterin. Daher sollten sie nur in Maßen verzehrt werden. Daneben sind sie reich an gut verwertbaren Proteinen, verschiedenen Mineralstoffen sowie Vitamin A, Vitamin K, Vitamin B2 und Folsäure.[51]

Milchprodukte: Milchprodukte wie Milch, Joghurt, Käse und Butter enthalten ebenfalls viele Omega-6-Fettsäuren. Dazu enthalten sie viel Eiweiß und sind wichtige Calciumlieferanten. Auch essenzielle Aminosäuren sowie verschiedene B-Vitamine, Vitamin A, Vitamin E und Vitamin D sind in Milchprodukten enthalten.[52]

Kohlenhydrate

Viele Menschen verbinden auch mit Kohlenhydraten häufig etwas Negatives. In vielen Diät-Ratgebern werden Kohlenhydrate als etwas Schlechtes dargestellt, was man in seinem Speiseplan möglichst vermeiden sollte. Doch Kohlenhydrate sind nicht per se schlecht. Es gibt auch hier gute und schlechte Kohlenhydrate.

Kohlenhydrate sind wahre Energielieferanten für unseren Körper und unterstützen unsere Muskeln und unser Gehirn. Energie ist wichtig für unseren Körper, denn wir verbrauchen sie die ganze Zeit. Auch wenn wir uns nicht bewegen, brauchen wir Energie zum Atmen, Halten unserer Körpertemperatur sowie unseren Stoffwechsel. Hinzu kommen dann noch körperliche Aktivitäten, für die wir ebenfalls Energie brauchen. Alle drei Makronährstoffe sind an diesem Prozess beteiligt und regulieren und unterstützen sich gegenseitig. Eine Kombination aus allen drei Makronährstoffen ist also essenziell für eine gesunde Ernährung und um die enthaltenen Nährstoffe auch optimal aufnehmen zu können. Isolierte Nährstoffe kann unser Körper nämlich nicht gut aufnehmen, sondern immer nur in Kombination.

Kohlenhydrate bestehen aus Zuckermolekülen. Dabei wird zwischen Einfach-, Zweifach- und Mehrfachzuckern unterschieden. Mehrfachzucker brauchen in unserem Körper längere Zeit, um im Verdauungstrakt in Glucose aufgespalten und als Energie mithilfe von Insulin in unser Blut überzugehen. Dafür ist diese Energie langfristiger und stillt auch länger unser Hungergefühl. Man spricht bei dieser Form von Kohlenhydraten auch von komplexen Kohlenhydraten. Dazu zählen beispielsweise Vollkornprodukte, Kartoffeln und Hülsenfrüchte.

Einfach- und Zweifachzucker stehen unserem Körper hingegen schneller zur Verfügung, erzielen dafür aber keine lange Wirkung. Sie lassen den Blutzuckerspiegel schnell in die Höhe schießen, der danach aber umso tiefer wieder absinkt. Durch eine vermehrte Aufnahme dieser einfachen Zuckerbausteine entstehen die klassischen Heißhungerattacken. In die Kategorie der Einfach- und Zweifachzucker gehören Haushaltszucker, Süßigkeiten sowie Milchzucker. Auch Obst zählt in diese Kategorie. Durch die enthaltenen Vitamine und Ballaststoffe hat Obst jedoch keinen negativen, sondern einen positiven Effekt auf unseren Körper und kann bedenkenlos verzehrt werden.

Doch warum sind Kohlenhydrate wichtig für unseren Körper? Nehmen wir keine Kohlenhydrate zu uns, leiden wir kurz über lang an einer Unterzuckerung. Zucker ist jedoch vor allem für die richtige Gehirnfunktion zuständig. Kohlenhydrate regeln allerdings nicht nur unseren Blutzuckerspiegel, sondern auch unseren Stoffwechsel. Wenn nicht genügend Kohlenhydrate zugeführt werden, kann dies den Protein- und Fettstoffwechsel durcheinanderbringen. Daher sollten bei einer ausgewogenen Ernährung immer alle drei Makronährstoffe aufgenommen werden.[53]

Der Energiebedarf pro Tag sollte mit rund 55 % an Kohlenhydraten abgedeckt werden. Da unser Körper Kohlenhydrate nicht gut in großer Menge speichern kann, liegt der Anteil an aufzunehmenden Kohlenhydraten entsprechend höher als der von Fetten und Proteinen.[54]

▶ Gesunde und komplexe Kohlenhydrate

Kartoffeln: Kartoffeln enthalten 15 g Kohlenhydrate pro 100 g. Sie stecken voller weiterer Nährstoffe wie B-Vitaminen, Vitamin C, Calcium, Phosphor und Magnesium.[55] Werden Kartoffeln gekocht und abgekühlt, wie beispielsweise bei Pellkartoffeln, verringert sich der Anteil an verwertbaren Kohlenhydraten.[56]

Naturreis: Naturreis enthält 74 g Eiweiß pro 100 g. Naturreis ist eine Art Vollkornreis, da das Reiskorn nicht wie bei herkömmlichem Reis weiterverarbeitet wird und damit das ganze Korn erhalten bleibt. Naturreis ist dadurch voller Ballaststoffe und sorgt für ein langes Sättigungsgefühl.[57]

Bulgur: Bulgur enthält 65 g Kohlenhydrate pro 100 g. Zudem ist er ein wahrer Eisen- und Magnesiumlieferant, enthält viele B-Vitamine und ist reich an Ballaststoffen. Darüber hinaus ist er gleichzeitig eine wichtige Proteinquelle.

Amaranth: Amaranth enthält 66 g Kohlenhydrate pro 100 g. Auch Amaranth ist gleichzeitig eine wertvolle Quelle für Proteine und Ballaststoffe. Zudem liefert Amaranth ungesättigte Fettsäuren sowie reichlich Eisen, Calcium und Magnesium.

Süßkartoffeln: Süßkartoffeln enthalten 24 g Kohlenhydrate pro 100 g. Anders als ihr Name vermuten lässt, sind sie nicht mit der Kartoffel verwandt und gehören auch nicht zu den Nachtschattengewächsen, sondern zur Familie der Windengewächse. Süßkartoffeln sind reich an Beta-Carotin, Kalium, Magnesium, Calcium sowie Vitamin E und C.[58]

Roggenvollkornbrot: Roggenvollkornbrot enthält 38 g Kohlenhydrate pro 100 g. Außerdem beinhaltet Roggenvollkornbrot eine große Menge an Ballaststoffen, Vitamin K, B-Vitaminen, Eisen und Zink. Roggenvollkornbrot zählt damit zu den gesündesten Brotsorten.

Bananen: Bananen enthalten 20 g Kohlenhydrate pro 100 g und besonders viele Nährstoffe in Form von Magnesium, Kalium und Phosphor und B-Vitaminen. Ferner regulieren sie den Blutzuckerspiegel und wirken sich beruhigend auf den Magen-Darm-Trakt aus.

Walnüsse: Walnüsse enthalten 10 g Kohlenhydrate pro 100 g. Sie sind reich an sekundären Pflanzenstoffen, Vitamin E sowie B-Vitaminen. Daneben senken sie den Cholesterinspiegel.

Hülsenfrüchte: Hülsenfrüchte enthalten durchschnittlich 16 g Kohlenhydrate pro 100 g. Dazu besitzen sie viele Proteine und Ballaststoffe.

Vitamine und Mineralstoffe

Für einen gesunden Lebensstil ist es wichtig, dass du darauf achtest, alle Mineralstoffe und Vitamine zu dir zu nehmen. Viele Lebensmittel decken bereits mehrere Nährstoffe ab. Durch eine gute Kombination der Lebensmittel kannst du deinen Tagesbedarf an Mineralstoffen und Vitaminen optimal decken und brauchst keine Angst vor Mangelerscheinungen zu haben.

Doch was genau bewirken Vitamine und Mineralstoffe in unseren Körper? Sie sind an allen wichtigen Körperprozessen beteiligt. Diese sind je nach Vitamin und Mineralstoff immer unterschiedlich. Generell sind sie für den Zellaufbau und Zellschutz zuständig. Zudem regulieren sie den Stoffwechsel, sind Bestandteil von Enzymen und Hormonen sowie der Blut- und Knochenbildung.

Bei Vitaminen wird zwischen wasser- und fettlöslichen Vitaminen unterschieden. Einige davon kann unser Körper besser speichern als andere. Fettlösliche Vitamine müssen immer in Kombination mit Fett aufgenommen werden, da unser Körper sie ansonsten nicht richtig verwerten kann. Mineralstoffe werden in Mengen- und Spurenelementen unterteilt.[59]

▶ Fettlösliche Vitamine

Vitamin A: Vitamin A ist ausschließlich in tierischen Lebensmitteln vorhanden. Die Vorstufe von Vitamin A, das Beta-Carotin, kommt allerdings auch in pflanzlichen Lebensmitteln vor. Damit bietet sich für die Aufnahme eine Kombination aus pflanzlichen und tierischen Produkten an. Vitamin A ist an vielen Wachstumsprozessen beteiligt und wird unter anderem für die Bildung von neuen Zellen und Geweben benötigt. Beta-Carotin ist ein natürliches Antioxidans und schützt unsere Zellen vor freien Radikalen. Vitamin A lässt sich beispielsweise in Leber, Eiern und

Fisch finden. Beta-Carotin ist in dunklem Blattgemüse sowie Möhren und Tomaten enthalten.

Vitamin D: Vitamin D ist eigentlich ein Hormon. Es wird im Körper mithilfe von Sonnenlicht selbst produziert. Daher sollte täglich auf eine ausreichende Zufuhr von Sonnenlicht geachtet werden. Im Winter, wenn wir nicht genügend Sonnenlicht aufnehmen können, kann auf Nahrungsergänzungsmittel zurückgegriffen werden, um den Vitamin-D-Bedarf zu decken. Vitamin D ist an zahlreichen Stoffwechselprozessen beteiligt und unterstützt darüber hinaus das Immunsystem.

Vitamin E: Vitamin E ist ein starkes Antioxidans. Es fängt freie Radikale ein und schützt dadurch unsere Zellen vor Zellschädigungen. Außerdem beeinflusst es die Blutgerinnung und hemmt Entzündungen. Vitamin E lässt sich in vielen pflanzlichen Ölen wie Raps-, Soja- und Sonnenblumen finden. Auch Haselnüsse enthalten eine gute Menge an Vitamin E.

Vitamin K: Vitamin K ist für die Blutgerinnung von großer Bedeutung. Es lässt sich vor allem in grünem Gemüse wie Spinat, Brokkoli und Grünkohl finden. Auch Milchprodukte, Fleisch, Eier und Vollkorn enthalten Vitamin K.

▶ Wasserlösliche Vitamine

Vitamin C: Vitamin C ist ein sehr wichtiges Antioxidans und schützt damit unsere Zellen. Zudem ist es auch an der Bildung von Knochen, Bindegewebe, Zahnfleisch sowie Knorpeln beteiligt und unterstützt die Wundheilung. Vitamin C ist vor allem in Obst und Gemüse vorhanden. Gute Vitamin-C-Quellen sind Grünkohl, Brokkoli, Hagebutten, Sanddorn, Paprika, Zitronen und Orangen.

Vitamin B1: Vitamin B1 ist am Energiestoffwechsel und Aminosäurestoffwechsel beteiligt. Daneben erfüllt es wichtige Funktionen für unser

Nervensystem und unterstützt unser Herz. Vitamin B1 ist in Fleisch, Nüssen, Vollkornprodukten und Hülsenfrüchten zu finden.

Vitamin B2: Vitamin B2 ist an vielen Stoffwechselprozessen beteiligt, reguliert wichtige Zellfunktionen und hat einen Einfluss auf unser Wachstum und unsere Entwicklung. Vitamin B2 ist in allen Milchprodukten, Fleisch, Fisch, Vollkorn und Hefe enthalten.

Vitamin B6: Vitamin B6 spielt eine wichtige Rolle beim Aminosäurestoffwechsel, der Hämoglobinbildung und sorgt dafür, dass unser Nerven- und Immunsystem funktioniert. Vitamin B6 befindet sich in sehr vielen Lebensmitteln. Dazu gehören unter anderem Fleisch, Fisch, Gemüse, Vollkorn und Bananen.

Vitamin B12: Vitamin B12 ist ebenfalls für unterschiedliche Stoffwechselprozesse von Bedeutung. Dazu zählt beispielsweise auch die Verstoffwechselung von Folsäure. Vitamin B12 kommt fast ausschließlich in tierischen Produkten vor. Dazu zählen Fleisch, Fisch, Eier und Milchprodukte. Geringe Spuren lassen sich auch in fermentierten Lebensmitteln wie beispielsweise Sauerkraut finden. Vegetarier sollten daher Vitamin B12 supplementieren, um den Bedarf decken zu können.

Niacin: Niacin gehört zum Vitamin-B-Komplex und wird häufig auch Vitamin B3 genannt. Es ist an vielen Stoffwechselprozessen beteiligt und zuständig für die Zellregeneration und -teilung. Gleichzeitig unterstützt es das Immunsystem. Niacin ist vor allem in Pilzen, Milch, Eiern, Kartoffeln, Fleisch und Fisch zu finden.

Pantothensäure: Pantothensäure zählt ebenfalls zu den B-Vitaminen. Sie ist besonders für den Energiestoffwechsel von Bedeutung. Pantothensäure ist in fast allen Lebensmitteln enthalten, wodurch es kaum zu einem Mangel kommen kann. Besonders reichhaltig ist sie in Hülsenfrüchten, Vollkornprodukten, Fleisch, Fisch und Milch vorhanden.

Biotin: Biotin ist am Aminosäure-, Fettsäure- und Kohlenhydratstoffwechsel beteiligt. Es lässt sich vorrangig in Leber, gekochten Eiern, Haferflocken, Hülsenfrüchten, Nüssen, Spinat und Champignons finden.

Folsäure: Folsäure ist eigentlich Folat, das zur Gruppe der B-Vitamine gehört. Es ist für die Zellteilung und Zellregeneration im Körper verantwortlich. Gerade Schwangere sollten auf eine ausreichende Zufuhr von Folsäure achten, um Fehlbildungen und Wachstumsstörungen des Babys zu vermeiden. Besonders grünes Blattgemüse ist reich an Folat. Dazu zählen Hülsenfrüchte, Nüsse, Tomaten, Gurken, Kohl, Orangen und Vollkornprodukte.

▶ Mengenelemente

Natrium und Chlorid: Natrium und Chlorid sind in Kombination auch als Speisesalz bekannt. Sie regulieren den Elektrolyt- und Wasserhaushalt im Körper sowie den Säure-Basen-Haushalt und den Blutdruck. Natrium und Chlorid sind in allen Lebensmitteln, die Salz enthalten, zu finden, wie beispielsweise Wurst und Käse. Im Gegensatz zu anderen Nährstoffen muss hier darauf geachtet werden, dass nicht zu viel Salz aufgenommen wird.

Kalium: Auch Kalium ist für die Regulation des Wasser- und Säure-Basen-Haushalts verantwortlich. Daneben spielt es eine wichtige Rolle für unsere Muskeln, unser Herz und unseren Blutdruck. Kalium kommt hauptsächlich in Obst und Gemüse vor. Auch Nüsse und Vollkornprodukte enthalten Kalium. Gute Quellen sind beispielsweise Bananen, Tomaten, Haselnüsse, Erdnüsse, Mandeln sowie Dinkel- und Roggenmehl.

Calcium: Calcium ist besonders für unsere Knochen und Zähne wichtig. Zudem ist es an der Blutgerinnung beteiligt. Calcium ist vor allem in Milchprodukten wie Käse, Milch und Joghurt enthalten. Es gibt aber auch Gemüsesorten wie beispielsweise Grünkohl, Brokkoli und Rucola, die eine gute Menge von Calcium aufweisen. Haselnüsse und Paranüsse sind ebenfalls reich an Calcium.

Phosphor: Phosphor ist Bestandteil von Knochen und Zellen, reguliert den Säure-Basen-Haushalt und spielt eine wichtige Rolle bei der Energiespeicherung. Auch Phosphor ist in nahezu allen Lebensmitteln enthalten. Dazu zählen unter anderem Fleisch, Milchprodukte, Eier und Vollkornprodukte.

Magnesium: Magnesium ist wichtig für unsere Nerven und Muskeln sowie unsere Knochen. Darüber hinaus ist es am Energiestoffwechsel beteiligt. Magnesium lässt sich in Milch- und Vollkornprodukten, Bananen, Beeren, Kartoffeln, dunklem Blattgemüse, Fisch und Geflügel finden.

▶ Spurenelemente

Eisen: Eisen ist ein essenzieller Bestandteil des Hämoglobins (Proteinkomplex) und damit für den Sauerstofftransport in den Zellen und der Muskulatur verantwortlich. Zudem spielt eine entscheidende Rolle bei der Blutbildung. Eisen sollte immer in Kombination mit Vitamin C aufgenommen werden, damit der Körper es besser verwerten kann. Gute Eisenlieferanten sind Fleisch und Fisch sowie Hülsenfrüchte, Vollkornprodukte und Spinat.

Jod: Jod hat eine wichtige Bedeutung für die Stoffwechselfunktion sowie für die Schilddrüse. Ferner ist es an der Zellteilung beteiligt und hält unsere Körpertemperatur aufrecht. Jod kommt vor allem in jodiertem Speisesalz vor. Auch Algen und Fisch enthalten gute Mengen an Jod.

Fluorid: Fluorid ist besonders wertvoll für unsere Knochen und Zähne. Es beugt Karies vor und festigt den Zahnschmelz, weshalb viele Zahnpasten mit Fluorid angereichert sind. Daneben enthalten auch Fleisch, Seefisch und schwarzer Tee ausreichend Fluorid.

Zink: Zink ist nicht nur ein wichtiges Antioxidans und unterstützt das Immunsystem, sondern ist auch Bestandteil vieler Enzyme und dadurch an vielen Körperprozessen beteiligt. So zum Beispiel am Wachstum, der Fruchtbarkeit und dem Geschmacksempfinden. Zink lässt sich vorrangig in tierischen Produkten wie Fleisch und Milchprodukten finden. Pflanzliche Zinkquellen sind Vollkornprodukte.

Selen: Selen ist ebenfalls ein Antioxidans. Darüber hinaus reguliert es die Schilddrüse und ist Baustein von Spermien, weshalb es auch die Fruchtbarkeit von Männern beeinflusst. Wichtige Selenlieferanten sind Pilze, Kohl, Zwiebeln, Spargel, Hülsenfrüchte, Nüsse, Fleisch, Fisch und Eier.

Nüsse, Samen, Kerne

Nüsse, Samen und Kerne erleben gerade ein Comeback. Lange Zeit galten sie durch die enthaltenen Fette als Dickmacher und wurden von vielen Menschen gemieden. Zu Unrecht! Sie enthalten zwar Fett, jedoch in Form von gesunden ungesättigten Fettsäuren. Sie sind reich an Omega-3-Fettsäuren und haben außerdem eine besonders hohe Nährstoffdichte. Zudem liefern sie viele wichtige Vitamine und Mineralien, Ballaststoffe sowie sekundäre Pflanzenstoffe. Dadurch können Nüsse, Samen und Kerne den Stoffwechsel regulieren und verschiedenen Erkrankungen wie Herz-Kreislauf-Erkrankungen, Diabetes und Übergewicht vorbeugen. Zudem liefern sie schnell Energie und sättigen. Sie eignen sich daher auch besonders gut als gesunder Snack für zwischendurch, wenn der Hunger einmal wieder ruft. Ansonsten können sie auch wunderbar zum Backen, als Zugabe zu Müsli und Salat oder als Brotaufstrich verwendet werden.[60]

Mandeln: Mandeln sind reich an Eiweißen und gesunden Fetten. Sie enthalten 24 g Eiweiß pro 100 g. Darüber hinaus sind sie voll von gesunden Ballaststoffen, Calcium und Eisen. Auch Magnesium, Phosphor,

Vitamin E und Niacin sind in hohen Mengen enthalten. Diese stärken die Nerven und das Gehirn und fördern demnach die Konzentration.

Walnüsse: Walnüsse enthalten etwas weniger Eiweiß, sind mit 15 g pro 100 g aber immer noch tolle Eiweißlieferanten. Daneben enthalten Walnüsse den sekundären Pflanzenstoff Ellagsäure, der die Zellen vor freien Radikalen schützt. Weiterhin sind Walnüsse reich an B-Vitaminen und Vitamin E. Walnüsse senken außerdem den Cholesterinspiegel.

Haselnuss: Haselnüsse sind reich an Proteinen und Ballaststoffen. Dazu enthalten sie eine Menge Calcium, Magnesium, Zink, Eisen, Kupfer, Selen, B-Vitaminen und Vitamin E. Sie sind damit wahre Kraftpakete und unterstützen den Körper bei vielen wichtigen Prozessen. So senken sie beispielsweise den Blutdruck und steigern die Hirnleistung.[61]

Pekannuss: Pekannüsse sind mit den Walnüssen verwandt. Sie zeichnen sich durch einen hohen Gehalt von Magnesium, Eisen, Kalium und Calcium aus. Daneben enthalten sie verschiedene B-Vitamine sowie Vitamin A, wodurch sie sich positiv auf unsere Augen und Schleimhäute auswirken. Zudem sind sie reich an Ballaststoffen und können den Blutdruck und den Cholesterinspiegel senken.

Pistazie: Pistazien sind besonders gut für unsere Knochen, da sie viel Calcium und Phosphor enthalten. Darüber hinaus reduzieren auch sie die Blutfettwerte sowie den Cholesterinspiegel. Da sie besonders reich an Eisen sind, können sie sogar die Blutbildung fördern. Ganze 7 g Eisen pro 100 g lassen sich in Pistazien finden. Weiterhin sind sie reich an Magnesium, B-Vitaminen und Tryptophan, das an der Bildung von Serotonin beteiligt ist.

Maronen: Maronen enthalten im Gegensatz zu anderen Nüssen eher wenig Eiweiß und Fett. Dafür liefern sie viele komplexe Kohlenhydrate und Ballaststoffe. Sie lassen den Blutzuckerspiegel nur langsam ansteigen und sorgen für ein langes Sättigungsgefühl. Weiterhin sind Maronen reich an Kalium und Vitamin C.

Pinienkerne: Pinienkerne enthalten viel Eiweiß und vergleichsweise wenig Fett. Dafür stecken sie voller Phosphor und Eisen. Damit fördern sie die Blutbildung, wirken Müdigkeit und Erschöpfung entgegen. Gleichzeitig versorgen sie die Muskeln und Nerven mit wertvollem Magnesium. Auch Vitamin E lässt sich in hohen Mengen in Pinienkernen finden. Damit sind sie reich an Antioxidantien und schützen unsere Zellen.

Sonnenblumenkerne: Sonnenblumenkerne enthalten viel Eiweiß. Sie kommen auf 19 g Eiweiß pro 100 g. Daneben sind sie reich an Vitamin E und damit das perfekte Anti-Aging-Mittel. Denn Vitamin E schützt die Zellen vor schädlichen Einflüssen und fängt freie Radikale ein. Weiterhin enthalten sie viel Vitamin A, Vitamin D, Vitamin K sowie verschiedene B-Vitamine. Auch Calcium, Magnesium und Eisen sind reichlich in Sonnenblumenkernen vorhanden.

Hanfsamen: Hanfsamen sind ebenfalls voll von Eiweiß und ungesättigten Fettsäuren sowie Ballaststoffen. Das Eiweiß der Hanfsamen hat für unseren Körper eine hohe biologische Wertigkeit. Daher eignen sich Hanfsamen gut als gesunde und alternative Proteinquelle. Die zusätzlichen Vitamine und Mineralstoffe wie Vitamin B1 und B2, Calcium, Magnesium, Eisen und Kalium machen sie noch gesünder.[62]

Sesam: Sesamsamen enthalten rund 18 g Eiweiß pro 100 g. Außerdem stecken sie voller Calcium und Phosphor, womit sie unsere Knochen stärken. Daneben sind viel Magnesium, Kalium und Vitamin E in den kleinen Samen enthalten. Sesam ist zudem reich an Ballaststoffen und eignet sich daher perfekt als Topping zu verschiedenen Gerichten. Dadurch werden nicht nur die Geschmacksnerven verwöhnt, sondern auch der Verdauungstrakt.

Regionale Superfoods

Superfoods sind nicht nur sprichwörtlich in aller Munde. Die Supermärkte sind mittlerweile voll von den sogenannten Superfoods, die bei vielen Menschen sehr beliebt sind. Superfoods zeichnen sich durch einen besonders hohen Nährstoffgehalt aus, haben jedoch auch ihre Schattenseiten. Denn obwohl Superfoods sehr gesund sind, sind sie meist nicht sehr nachhaltig. Sie werden häufig aus weit entfernten Ländern importiert und haben dementsprechend lange Transportwege hinter sich. Der ökologische Fußabdruck ist daher ziemlich hoch. Doch es gibt auch viele regionale Alternativen, die sich hinter den exotischen Superfoods nicht verstecken müssen. Sie klingen vielleicht nicht so toll, sind aber mindestens genauso gesund, zudem deutlich nachhaltiger und häufig auch günstiger. Superfoods sind verhältnismäßig teuer, weshalb du mit den regionalen Alternativen viel Geld sparen kannst.[63]

Chiasamen: Chiasamen stecken voller Ballaststoffe, Proteine, Eisen, Magnesium, Omega-3-Fettsäuren und Calcium. Sie verdienen damit zurecht den Titel als Superfood. **Leinsamen** enthalten die gleichen wertvollen Vitamine und Mineralstoffe und sind damit ein wunderbarer Ersatz zu Chiasamen. Sie können außerdem genauso verwendet werden wie Chiasamen, da sie die gleichen Quelleigenschaften besitzen.[64]

Goji Beeren: Goji Beeren werden gerne in Müslis verwendet. Sie sind voller Vitamin C und Mineralstoffe. Eine regionale Alternative dazu sind **Johannisbeeren** und **Brombeeren**. Sie enthalten ebenfalls viel Vitamin C und zusätzlich noch Vitamin E. Damit haben sie einen hohen Gehalt an Antioxidantien und zudem sogar weniger Kalorien. Weitere Alternativen sind **Sanddorn** und **Hagebutten**.[65]

Acai-Beeren: Acai-Beeren sind besonders reich an Antioxidantien. Grund dafür sind die enthaltenen Anthocyane. Dies sind blaue Pflanzenfarbstoffe, die den Körper vor freien Radikalen schützen. Zudem enthalten sie viele verschiedene Vitamine und Mineralstoffe. Eine gute Alternative dafür sind die deutschen **Heidelbeeren**. Heidelbeeren sind reich an Vitamin C, E und B-Vitaminen. Auch sie enthalten die blauen Pflanzenfarbstoffe und damit viele Antioxidantien. Weitere Alternativen sind **Rotkohl, Brombeeren** und **rote Trauben**.[66]

Quinoa: Quinoa ist eine tolle Eiweißquelle und enthält viel Eisen. Jedoch wird Quinoa häufig importiert und nur selten hier in der Region angebaut. Als Alternative dient **Hirse**. Hirse ist ebenfalls reich an Proteinen und Eisen. Zudem enthält Hirse viel Vitamin B6, Magnesium, Fluor, Phosphor und Kalium. **Hafer** ist ebenfalls eine gute Möglichkeit, um Quinoa zu ersetzen. Hafer enthält ebenfalls viele Proteine und Ballaststoffe.[66]

Granatapfel: Granatäpfel sind ebenfalls reich an Antioxidantien und sind wertvolle Eisen-, Kalium- und Calciumlieferanten. Tolle Alternativen sind beispielsweise **Rucola, Kresse, Grünkohl, Hülsenfrüchte, Brennnessel, Brokkoli, Pilze** und **Rhabarber**. Auch diese enthalten die wichtigen Mineralstoffe und stellen damit eine nachhaltige Alternative dar.[65]

Avocado: Die Avocado hat in den letzten Jahren einen regelrechten Boom erlebt. Insbesondere ihr hoher Gehalt an Mikronährstoffen und guten Fetten macht sie zu einer beliebten Zutat. Eine hervorragende regionale Alternative zu dem wasserintensiven Importprodukt ist **Rote Beete**. Die unscheinbare Rübe enthält ebenfalls viele wichtige Mineralstoffe, die unserem Körper und Immunsystem Power geben. Gekocht bekommt sie zudem eine ähnlich weiche Konsistenz wie die Avocado, es fehlt nur die Cremigkeit. Weitere heimische Alternativen sind **Esskastanien** und **Walnüsse**.

Ingwer und Kurkuma: Ingwer und Kurkuma regulieren nicht nur die Verdauung, sondern wirken auch entzündungshemmend und sind zusätzlich reich an Vitamin C. Eine einheimische Alternative sind **Chili** sowie **Cayenne Pfeffer**.[11]

Matcha: Matcha zählt ebenfalls zu den Superfoods. Der Tee senkt den Blutdruck, reduziert Stress, regt den Stoffwechsel an und wirkt leistungssteigernd. Es gibt jedoch auch viele regionale Teesorten, die diese Eigenschaften mit sich bringen. Dazu gehören **Löwenzahn-, Kamille-, Hagebutten-** und **Lavendeltee.** [65]

Zuckeralternativen

Zucker gehört zu den Lebensmitteln, die du unbedingt meiden solltest. Der übliche Haushaltszucker wurde stark verarbeitet, sodass er eine extrem hohe Energiedichte hat, aber ansonsten keine Nährstoffe enthält. Damit ist der Haushaltszucker nicht für eine gesunde Ernährung geeignet. Es gibt jedoch einige gute Alternativen, um den Haushaltszucker zu ersetzen und trotzdem eine angenehme Süße zu erzeugen.

Kokosblütenzucker: Kokosblütenzucker ist normalem Zucker sehr ähnlich. Doch obwohl er ebenfalls eine sehr hohe Energiedichte hat, hat er einen niedrigen glykämischen Index. Das bedeutet, dass Kokosblütenzucker den Blutzuckerspiegel im Gegensatz zu normalem Zucker kaum ansteigen lässt. Ferner enthält Kokosblütenzucker noch viele wichtige Nährstoffe wie Eisen, Magnesium, Kalium, Zink und Insulin. Kokosblütenzucker hat die gleiche Konsistenz wie normaler Zucker und kann damit 1:1 ersetzt werden. Der Geschmack ist etwas karamelliger, wodurch sich Kokosblütenzucker perfekt zum Backen eignet. Es gibt auch eine flüssige Variante von Kokosblütenzucker, die sich dann Kokosblütensirup nennt.

Reissirup: Reissirup wird, wie der Name schon vermuten lässt, aus Reis gewonnen. Er ist besonders in der asiatischen Küche bekannt. Der Vorteil an Reissirup ist, dass er relativ geschmacksneutral ist und damit vielseitig eingesetzt werden kann. Daneben erhält er noch Mineralstoffe wie Eisen, Magnesium und Kalium. Auch Reissirup lässt den Blutzuckerspiegel nicht in die Höhe schießen und ist damit ein idealer Ersatz für Haushaltszucker.

Reissirup ist zudem frei von Fructose und kann auch von Menschen mit einer Fructoseintoleranz verzehrt werden.

Ahornsirup: Ahornsirup kennen viele wahrscheinlich als Topping von Pancakes. Doch er kann auch zum Süßen von anderen Lebensmitteln verwendet werden. Ahornsirup wird aus dem Ahornbaum gewonnen. Er lässt den Blutzuckerspiegel etwas schneller als Reissirup oder Kokosblütenzucker ansteigen, ist aber dennoch eine gute Alternative. Ahornsirup hat einen starken karamelligen Geschmack und ist reich an Nährstoffen in Form von Eisen, Magnesium und Kalium.

Honig: Honig ist wohl die bekannteste Alternative zum Süßen von Lebensmitteln. Honig wird von Bienen aus dem Blütennektar gewonnen. Wichtig ist es, dass der Honig eine Rohkost Qualität hat, da bei Hitze die wichtigen Nährstoffe des Honigs zerstört werden. Deswegen sollte Honig auch nicht zum Backen oder zum Süßen von Tee verwendet werden. Honig enthält viele wichtige Vitamine und Mineralstoffe. Zudem wird ihm sogar eine entzündungshemmende Wirkung nachgesagt.

Trockenfrüchte: Trockenfrüchte wie Datteln, Pflaumen, Feigen oder Rosinen sind ebenfalls natürliche Süßungsmittel. Wichtig ist, darauf zu achten, dass den Trockenfrüchten kein Zucker zugesetzt wurde, da dies den positiven Effekt zunichte machten würde. Trockenfrüchte eignen sich wunderbar zum Süßen von Backwaren und Soßen. Außerdem sind sie reich an Vitaminen und Mineralstoffen sowie an Ballaststoffen.

Bananen: Reife und braune Bananen enthalten von Natur aus sehr viel Zucker und können dadurch problemlos beim Backen als Zuckeralternative eingesetzt werden. Sie lassen den Blutzuckerspiegel nur sehr langsam ansteigen und sind voller Vitamine und Mineralstoffe wie Magnesium, Kalium und Vitamin B6. Des Weiteren sind sie reich an Ballaststoffen. Wirf deine braun angelaufenen Bananen also nicht einfach weg, sondern nutze sie lieber zum Backen. Dafür zerdrückst du die Bananen einfach mithilfe einer Gabel zu einem cremigen Mus und gibst dieses dann zum Teig.[67]

Wie du siehst, gibt es heutzutage viele gesunde Alternativen zu herkömmlichem Zucker. Diese Zuckeralternativen sind eine gute Möglichkeit, um den Konsum von Zucker Schritt für Schritt zu reduzieren. Je weniger Zucker du in deinem Alltag verzehrst, desto weniger wirst du auch das Bedürfnis danach haben. Im Gegenteil: Deine Geschmacksnerven werden sich wieder an die natürliche Süße von Lebensmitteln gewöhnen, sodass dir die stark zuckerhaltigen Lebensmittel bald zu süß vorkommen werden.

DAS REZEPT FÜR EINEN GESUNDEN LEBENSSTIL

Neben der Ernährung spielt auch der persönliche Lebensstil eine wichtige Rolle, um langfristig gesund und glücklich zu sein. Nur so kann sich der positive Effekt einer gesunden Ernährung auch vollkommen entfalten. Gesund sein und gesund bleiben bedingt also einen Lebensstil, der sich auf verschiedene Bereiche ausweitet. Regelmäßiger Sport und tägliche Entspannung sorgen für einen körperlichen Ausgleich, wodurch das Wohlbefinden gesteigert wird. Am besten wird dies mit einem Aufenthalt im Freien kombiniert. So tankst du frische Luft und Sonne und kannst dich gleichzeitig in der Natur erden. Zu einer gesunden Ernährung gehört auch das Trinken. Unser Körper braucht das Lebenselixier Wasser, um alle Körperfunktionen am Laufen zu halten. Zu guter Letzt ist die Achtsamkeit ein wichtiger Bestandteil für einen gesunden Lebensstil. Durch achtsames Essen lernst du, wieder auf deinen Körper zu hören und ihm das zu geben, was er wirklich braucht.

Bewegung und Sport

Bewegung und Sport sind essenziell für einen gesunden Lebensstil. Wenn du dich regelmäßig auspowerst, kannst du nicht nur deine Leistung steigern und dein Glücksempfinden erhöhen, sondern beugst auch Krankheiten vor. Ganz nebenbei erhöht sich auch deine Ausdauer und du baust Muskel auf, wodurch du wiederum leichter und schneller abnehmen kannst.

Grundsätzlich sollte Sport allerdings immer Spaß machen. Nur wenn Sport Spaß macht, bleibt man motiviert und führt ihn auch regelmäßig aus. Daher ist es wichtig, dass du den für dich richtigen Sport findest. Jeder Mensch hat andere Vorlieben und Interessen, denen man unbedingt nachgehen sollte. Such dir also einen Sport, der dir persönlich gefällt. Damit kannst du einen wunderbaren Ausgleich zu deinem Alltag schaffen. Das stärkt nicht nur deinen Körper, sondern auch deinen Geist. Sport macht den Kopf frei, man kann sich besser konzentrieren und frisch und gestärkt seinem Alltag nachgehen.

Bewegung und Sport haben viele verschiedene positive Effekte auf deinen Körper.

▶ Vorbeugen von Krankheiten

Wer regelmäßig Sport treibt, bleibt nicht nur aktiv, sondern auch gesund. Denn Sport wirkt sich positiv auf die verschiedensten Körperfunktionen aus. So wird bei regelmäßigem Sport nicht nur das Immunsystem gestärkt, sondern es können auch verschiedene Zivilisationskrankheiten wie Herz-Kreislauf-Erkrankungen, Diabetes, Bluthochdruck, Arthrose und sogar Krebs vorgebeugt werden. Denn beim Sport wird die Durchblutung angeregt, die Zellen können sich schneller regenerieren und Nährstoffe besser vom Körper aufgenommen werden. Die besten Sportarten, um Krankheiten vorzubeugen, sind Radfahren, Joggen und Schwimmen. Diese Sportarten fördern nicht nur die Ausdauer, sondern wirken sich auch positiv auf den Muskelaufbau aus. Damit sich ein merklicher, positiver Effekt einstellt, solltest du pro Woche rund 2,5 Stunden Sport machen. Diese solltest du im Idealfall auf mehrere Tage aufteilen. Dadurch kannst du den Sport leichter in den Alltag integrieren und durch die Regelmäßigkeit wird es dir leichter fallen, diesen auch auszuüben.

▶ Glückshormone

Sport mach glücklich. Jeder, der schon einmal Sport gemacht hat, weiß, wie gut man sich danach fühlt. Das schwierigste am Sport machen ist nicht der Sport an sich, sondern die Motivation es auch regelmäßig zu tun. Wenn das Motivationsloch aber erst einmal überwunden ist, überkommt uns anschließend ein richtig schönes Gefühl. Wir fühlen uns stark, glücklich und motiviert. Grund dafür ist das Glückshormon Dopamin. Dopamin wird zum Teil schon während des Sportes ausgeschüttet, spätestens jedoch danach. Wenn du regelmäßig trainierst, erhöht sich der Dopaminspiegel in deinem Körper sogar dauerhaft. Damit wirkt sich Sport nachhaltig positiv auf deinen geistigen Zustand aus. Du bist im Alltag wacher und konzentrierter und kannst deine Aufgaben viel leichter bewältigen. Gleichzeitig baust du damit auch Stress ab. Der Cortisolspiegel in deinem Körper sinkt und du wirst automatisch ausgeglichener.

Durch die Ausschüttung der Glückshormone, den Abbau von Stress und der erhöhten Durchblutung in der Gehirnregion können langfristig sogar psychische Krankheiten wie Alzheimer, Demenz und Depressionen vorgebeugt werden.[68]

▶ Abnehmen

Durch Sport kannst du leichter abnehmen, weshalb er die ideale Ergänzung zu einer gesunden Ernährung darstellt. Sport erhöht den Kalorienverbrauch, sodass du deinem Wohlfühlgewicht schnell näher kommst. Welcher Sport dabei ausgeübt wird, ist erst einmal zweitrangig. Jeder Sport wirkt sich positiv auf den Kalorienverbrauch aus. Am besten eignet sich eine Kombination aus Ausdauer- und Kraftsport. Dabei werden viele unterschiedliche Muskelgruppen beansprucht, was vermehrt Kalorien verbrennt. Um effektiv Abnehmen zu können, solltest du immer in einem Kaloriendefizit sein. Das bedeutet, du verbrennst mehr Kalorien, als du durch deine Nahrung aufnimmst. Dadurch kann Fettgewebe abgebaut und Muskeln aufgebaut werden. Beim Sport werden jedoch nicht nur Kalorien verbrannt und Muskeln aufgebaut, sondern auch der Stoffwechsel angekurbelt. Je aktiver der Stoffwechsel ist, umso besser kann deine aufgenommene Nahrung verwertet werden und desto weniger Fett wird angesetzt.

▶ Ausdauer und Muskelaufbau

Ausdauersport eignet sich bestens, um auf schnelle Art und Weise relativ viel Fett zu verbrennen. Mit Ausdauersport ist jedoch nicht gemeint, dass du stundenlang joggen gehst. Schon kurze Einheiten von 30 Minuten reichen aus, um die Fettverbrennung anzukurbeln und auf Höchstleistung zu bringen. Es geht also um eine moderate Belastung des Körpers. Neben der steigenden Fettverbrennung vermehren sich beim Ausdauersport auch die Mitochondrien. Sie wirken wie kleine Kraftwerke in unserem Körper und haben ebenfalls einen indirekten Einfluss auf unseren Stoffwechsel. Sie sorgen nämlich dafür, dass unser Körper mehr Energie verbrennt. Nicht nur während des Sportes, sondern auch danach, wenn wir in der Ruhephase sind.

Ausdauersport wirkt sich also nicht nur auf deine Fitness aus, sondern trainiert auch gleichzeitig deinen Stoffwechsel. Bewegst du dich nämlich selten oder machst sogar gar keinen Sport, dann gewöhnt sich der Körper daran und schaltet automatisch auf den Energiesparmodus um. Schließlich verbrauchst du, wenn du dich nicht sportlich betätigst, kaum Energie. Da die zur Verfügung stehende Energie nicht gebraucht wird, wird sie einfach als Fett eingespeichert – du nimmst folglich zu. Durch regelmäßigen Ausdauersport hältst du also deinen Stoffwechsel auf Trab und sorgst dafür, dass ordentlich Fett verbrannt wird.

Während beim Ausdauersport hauptsächlich deine allgemeine Fitness, dein Herz-Kreislauf-System und deine Fettverbrennung angekurbelt werden, eignet sich der Kraftsport perfekt, um Muskeln aufzubauen und deinen Grundumsatz zu erhöhen. Muskeln verbrennen nämlich mehr Energie als Fett – auch im Ruhezustand. Der Muskelaufbau ist auch deshalb wichtig, weil sich durch ein Kaloriendefizit beim Abnehmen immer auch Muskelmasse abbaut. Du solltest daher eine gute Balance zwischen Ausdauer- und Kraftsport finden, um von beiden Trainingsarten profitieren zu können.

Darüber hinaus verbrennt der Körper beim Kraftsport schon während des Trainings mehr Kalorien als beim Ausdauersport. Viele Menschen verbinden mit Krafttraining das stumpfe Gewichtheben im Fitnessstudio. Doch Krafttraining kann sehr viel komplexer sein. Besonders das Training mit dem eigenen Körpergewicht hat einen positiven Effekt auf deine Muskeln. Bei diesen Übungen konzentrierst du dich nicht nur auf eine bestimmte Muskelgruppe, sondern sprichst viele verschiedene Muskelgruppen gleichzeitig an, was einem Ganzkörpertraining entspricht. Zusätzlich werden auch die kleinen inneren Muskeln aktiviert und trainiert, da bei den Übungen permanent die Körperbalance gehalten werden muss. Das ist also eine komplexere Arbeit der Muskeln.

▶ Bewegung im Alltag

Zusätzlich zum Sport solltest du auch in deinen Alltag so viel Bewegung wie möglich einbauen. Nimm beispielsweise die Treppe anstatt des Aufzugs. Damit kurbelst du nicht nur deine Ausdauer an, sondern baust auch Muskeln auf. Ein täglicher Spaziergang ist ebenfalls eine tolle Möglichkeit, um körperliche Betätigung in den Alltag einzubauen. Du kannst zum Beispiel jeden Tag nach dem Essen eine halbe Stunde lang zügig spazieren gehen. Das zügige Gehen powert dich nicht komplett aus, hat aber trotzdem einen positiven Effekt auf deinen Körper, sodass du das Gefühl hast, „etwas getan zu haben". Um deine Gesundheit nachhaltig zu verbessern, solltest du pro Tag ungefähr 10.000 Schritte gehen.

Radfahren ist ebenfalls eine gute Möglichkeit, um Sport in deinen Alltag zu integrieren. Vielleicht kannst du deinen täglichen Weg zur Arbeit regelmäßig mit dem Fahrrad zurücklegen. Dadurch kommst du schnell auf die empfohlene tägliche Dosis an Bewegung und verlierst zudem kaum zusätzliche Zeit. Radfahren fördert die Ausdauer und gibt dir gleichzeitig viel Kraft.

Ruhe und Entspannung

Generell gehört Stress zum Leben dazu und lässt sich nicht immer verhindern. Es gibt jedoch einen Unterschied zwischen positivem Stress und negativem Stress. Auch chronischer Stress ist ein Faktor, der nicht unbeachtet gelassen werden sollte. In Stress-Situationen stellt sich unser Körper auf eine drohende Gefahr ein. Dadurch werden einige Körperfunktionen gesteigert, andere wiederum werden gesenkt. Stress war früher überlebensnotwendig, wenn Gefahr in Verzug war. Unser Atem und Herzschlag beschleunigen sich, der Blutdruck steigt und unsere Muskeln sind auf Spannung. Stress ist daher erst einmal nur eine Schutzreaktion des Körpers.

Positiver Stress ist generell etwas Gutes. Es ist zwar auch eine Stressreaktion, diese wird aber als angenehm empfunden. Kurzfristiger positiver Stress hat einen positiven Einfluss auf unsere Aufmerksamkeit und unsere Leistungsfähigkeit. Wir funktionieren, ohne groß darüber nachdenken zu müssen. Lässt der Stress nach, erholt sich unser Körper wiederum schnell und wir tragen keine langfristigen „Schäden" davon. Negativer und chronischer Stress ist hingegen sehr belastend für unseren Körper. Im Idealfall überwinden wir die stressigen Phasen, sodass sich unser Körper wieder erholen kann. Bei chronischem Stress läuft unser System jedoch permanent auf Hochtouren, wodurch nicht überlebenswichtige Funktionen in unserem Körper lahmgelegt werden. Das kann neben Depressionen zu weiteren Folgen führen. Schlafstörungen, Appetitverlust, Bluthochdruck, ein geschwächtes Immunsystem, Panikattacken oder Verdauungsprobleme sind nur einige davon.

Aus diesem Grund ist es wichtig, dass du deinem Körper regelmäßig Ruhe und Entspannung schenkst. Dadurch kannst du deinen Cortisolspiegel senken und dein Körper kann sich regenerieren und erholen. Achtsamkeit ist eine gute Möglichkeit, um im Alltag genau diese Ruhe und Entspannung zu finden.

▶ Achtsamkeit

Durch Achtsamkeit kannst du eine Gelassenheit entwickeln und Stress im Alltag reduzieren. Achtsamkeit bedeutet, jeden Moment bewusst wahrzunehmen und im Hier und Jetzt zu leben. Es geht darum, jeder Situation offen zu begegnen und vor allem, diese nicht zu bewerten. Im Jetzt zu leben heißt auch, dass man nicht über die Vergangenheit oder die Zukunft nachdenkt. Wir leben jetzt. Genau in diesem Moment. Und diesen Moment sollten wir genießen.

Achtsamkeit entschleunigt unser Leben auf positive Weise. Wir können uns wieder besser entspannen und auf die wichtigen Dinge besinnen. Achtsamkeit führt gleichzeitig auch zu einem besseren Körpergefühl und zu einem gesünderen Lebensstil. Wir nehmen unsere Umgebung achtsamer wahr und gehen auch mit uns selbst achtsamer um. Achtsamkeit im Alltag hilft uns wieder, zu uns zurückzufinden. Sie erdet uns und macht glücklich.

▶ Meditation

Eine weitere Möglichkeit, um zu innerer Ruhe zu gelangen, ist die Meditation. Meditationen helfen dir, deinen Kopf frei zu machen und Stress abzubauen. Gerade wenn du Schwierigkeiten dabei hast, deine Gedanken und Gefühle unter Kontrolle zu bekommen, können dir Meditationen sehr helfen. Auch sie sind eine Form der Achtsamkeit, denn du konzentrierst dich konkret auf das Hier und Jetzt, lebst im Augenblick und lässt deine Gedanken einfach fließen. Meditationen wirken sich auf wundersame Weise auf den Körper aus und verursachen eine tiefe Entspannung. Du wirst dich danach regelrecht wie neu geboren fühlen und voller Energie sein.

Es gibt verschiedene Arten zu meditieren, beispielsweise die Achtsamkeitsmeditation, Ruhemeditation, Gehmeditation oder Mantrameditation. Welche Form der Meditation praktiziert wird, hängt von den eigenen Vorlieben ab. Du kannst direkt morgens nach dem Aufstehen meditieren, um dich auf den Tag vorzubereiten und Kraft zu schöpfen. Oder du meditierst abends, um den Stress vom Tag loszulassen und entspannter in den Schlaf zu gleiten. Die Abendmeditation ist besonders für Menschen mit Schlafproblemen hilfreich. Gerne kannst du aber auch während des Tages meditieren, wenn du zum Beispiel merkst, dass du müde wirst oder du das Gefühl hast, dass dir der Alltag zu viel wird. Das gibt dir einen extra Energieschub und du wirst dich danach direkt viel besser fühlen.[69]

▶ Bauchatmung

Die meisten Menschen haben in der heutigen, schnellen und stresslebigen Zeit verlernt, durch den Bauch zu atmen. Dabei trägt die Bauchatmung maßgeblich zur Entspannung bei und beruhigt dich und deinen Körper. Zudem reguliert die Bauchatmung die Verdauung. Oft atmen wir jedoch viel zu flach und teilweise auch zu hektisch. Du solltest die Bauchatmung daher öfter trainieren, damit du diese wieder erlernen und so oft wie möglich im Alltag anwenden kannst. Atme bewusst ein und lasse die Luft in deinen Körper strömen. Dabei sollte sich dein Bauch nach außen wölben und mit Luft füllen. So merkst du, dass du auch wirklich in den Bauch atmest. Wenn du ausatmest, strömt die Luft wieder aus dem Bauch heraus und er bewegt sich wieder in seine Ausgangsposition zurück. Die Atmung sollte relativ langsam sein, sodass jeder Atemzug rund 10 Sekunden dauert. Wiederhole dies ein paar Mal und erinnere dich selbst im Alltag daran, regelmäßig in den Bauch zu atmen.[70]

▶ Einfach mal nichts tun

Um Abstand vom Alltag zu gewinnen, ist es auch wichtig, einfach mal nichts zu tun. Das fällt vielen Menschen schwer, da unser Leben häufig von Terminen und To-do-Listen bestimmt wird. Es ist jedoch wichtig, Abstand vom Alltag zu gewinnen und dadurch zu neuer Kraft und Energie zu gelangen. Plane deshalb regelmäßige Auszeiten ein, in denen du bewusst nichts tust. Du machst einfach, was dir gefällt und worauf du gerade Lust hast. Das kann Sport sein, ein Wellness-Tag, ein entspannendes Bad, ein langer Tag am See, ein Restaurantbesuch oder du fängst an zu malen. Alles, was dir gut tut, ist erlaubt.

Mit regelmäßiger Entspannung stärkst du dein Immunsystem und kannst Krankheiten effektiv vorbeugen. Gleichzeitig stärkst du auch deine Psyche, denn Entspannungsübungen helfen dir dabei, im Alltag ausgeglichener zu sein und Stimmungsschwankungen zu verhindern. Zu guter Letzt wird deine Kreativität gefördert und du wirst aufnahmefähiger. Unser Gehirn kann neu Erlerntes nämlich erst während der Ruhephase verarbeiten und anschließend speichern. Durch aktive Entspannung kannst du also deine körperliche und geistige Leistung steigern und ein gesundes Leben führen.

Frischluft und Sonne

Frische Luft und Sonne gehören ebenfalls zu einem gesunden Lebensstil. Je mehr Zeit wir draußen in der Natur verbringen, desto besser ist unser Wohlbefinden. Frische Luft und Sonne stärken nicht nur unser Immunsystem, sondern reduzieren auch Stress und fördern die Entspannung. Egal, welche Jahreszeit gerade aktuell ist. Ein Spaziergang oder Sport im Freien wirkt sich immer positiv auf unser Wohlbefinden aus und sollte täglich auf der To-do-Liste stehen.

Stärkung des Immunsystems: Wenn wir uns regelmäßig im Freien bewegen, können wir nachweislich unser Immunsystem stärken. Durch die Bewegung werden nicht nur unsere Muskeln und Knochen gestärkt, sondern auch unsere Lungenkapazität. Dadurch nehmen wir vermehrt Sauerstoff auf. Gleichzeitig sinkt der Blutdruck und die Zellaktivität nimmt zu. Das bewirkt, dass unser Körper schädigende Zellen unwirksam macht, wodurch das Krebsrisiko nachweislich sinkt.

Vitamin D: Durch den Aufenthalt im Freien und der Sonne wird der Vitamin-D-Speicher aufgefüllt. Das stärkt sowohl das Immunsystem als auch die Psyche. Gerade im Winter werden viele Menschen krank oder leiden an einer Art Depression. Schuld daran ist ein Vitamin-D-Mangel. Wer sich hingegen zu jeder Jahreszeit viel im Freien aufhält und ausreichend Sonne tankt, kann diesem vorbeugen und gesund durch das Jahr kommen.[71]

Bessere Konzentration und Stressabbau: Auch die Konzentration wird durch einen Aufenthalt im Freien gefördert. Besonders, wenn man das Gefühl hat, dass man sich auf nichts mehr konzentrieren kann und einem alles über den Kopf wächst, kann ein Spaziergang wahre Wunder bewirken. Durch die frische Luft wird unsere Durchblutung angekurbelt und es gelangt mehr Sauerstoff in das Gehirn. Zusätzlich wird Stress abgebaut. In der Natur können wir uns wieder erden und zu uns selbst zurückfinden. Das trägt maßgeblich zur Entspannung bei. Nach einem langen Spaziergang sind wir also wunderbar entspannt, können uns wieder viel besser konzentrieren und neue Aufgaben in Angriff nehmen.

Gute Laune: Durch frische Luft und die Sonne wird unsere Stimmung augenblicklich besser. Grund dafür ist die Ausschüttung des Glückshormons Serotonin. Wird Serotonin ausgeschüttet, können wir quasi gar nicht anders, als uns gut zu fühlen. Es ist wie ein natürliches Aufputschmittel ohne negative Nebenwirkungen. Wann immer du dich schlecht fühlst oder schlechte Laune hast, solltest du daher einen langen

Spaziergang oder Sport im Freien machen. Das wird deine Stimmung positiv beeinflussen und du wirst dich danach wie befreit fühlen.[72]

Verbesserung des Schlafes: Der Schlaf kann durch frische Luft und Sonne ebenfalls verbessert werden. Durch den Aufenthalt im Freien bewahren wir uns unseren ursprünglichen Biorhythmus und unser Körper passt sich automatisch dem natürlichen Tag- und Nacht-Rhythmus an. Gleichzeitig können wir uns in der Natur besser entspannen. Wer unter Schlafproblemen leidet, sollte daher regelmäßig vor dem Schlafengehen noch eine Runde spazieren gehen. So fährt der Körper herunter und kann anschließend besser in den Schlaf gleiten. Wer tagsüber viel sitzt und nicht sehr aktiv ist, sollte abends noch einmal raus an die frische Luft. Der Körper kommt noch einmal in Bewegung und wird gefordert. Dadurch wirst du müde und kannst besser einschlafen.

Schöne Haut: Zu guter Letzt profitiert auch unsere Haut von dem Aufenthalt im Freien. Der Körper und damit auch die Haut werden an der frischen Luft gut durchblutet. Deswegen bekommen wir bei einem längeren Spaziergang auch rosige Wangen. Gleichzeitig erhöht sich der Sauerstoffzufuhr im Körper und in den Zellen. Das regt die Zellteilung an und sorgt für ein jugendlich frisches Aussehen.[73]

Ausreichend trinken

Wasser ist unser Lebenselixier. Unser Körper besteht zu ungefähr 65 % aus Wasser. Dieser Wasseranteil verringert sich jedoch stetig, sodass du deinem Körper neues Wasser zuführen musst. Besonders, wenn du sportlich sehr aktiv bist oder es sehr warm draußen ist, solltest du auf eine ausreichende Wasserzufuhr achten, damit du stets ausreichend hydriert bist. Die empfohlene Wassermenge liegt bei 2-3 Liter pro Tag. Als Faustregel gilt, dass du ungefähr 4 Prozent deines eigenen Körpergewichts in Form von Wasser zu dir nehmen solltest. Je mehr du wiegst, desto höher ist dein Wasserbedarf.

Wiegst du beispielsweise 65 kg, kommst du auf einen Wasserbedarf von 2,6 Liter.

Wasser regelt alle wichtigen Funktionen in deinem Körper. Mit einer ausreichenden Flüssigkeitszufuhr kannst du deinen Wasser- und Elektrolythaushalt ausgleichen und damit deine geistige und körperliche Leistungsfähigkeit steigern. Ohne Wasser können wichtige Körperfunktionen hingegen nicht mehr aufrechterhalten werden. Die Durchblutung verschlechtert sich, dein Körper wird nicht mehr mit genügend Nährstoffen und Sauerstoff versorgt und Schadstoffe können nicht mehr aus dem Körper geleitet werden. In Folge eines Wassermangels kann es zu Kopfschmerzen, Kreislaufproblemen und im schlimmsten Falle sogar zu einem Nierenversagen kommen.

Unser Flüssigkeitsbedarf sollte vorrangig mit Wasser gedeckt werden, da unser Körper zu einem großen Teil aus Wasser besteht. Zusätzlich enthält Wasser wertvolle Mineralien, wodurch unser Körper mit wichtigen Nährstoffen versorgt wird. Dabei spielt es übrigens keine Rolle, ob das Wasser aus dem Supermarkt oder aus dem Hahn kommt. Leitungswasser kann in Deutschland bedenkenlos getrunken werden. Es enthält zwar etwas weniger Mineralien, hat aber dennoch eine hohe Qualität. Neben Wasser kannst du auch weitere Getränke zu dir nehmen.

▶ Kaffee

Kaffee solltest du nach Möglichkeit immer pur und nicht in Kombination mit Milch und/oder Zucker trinken. Kaffee hat die Eigenschaft, den Autophagieprozess zu fördern. Die Autophagie ist für die Regeneration der Zellen verantwortlich. Das kann vor vielen Krankheiten schützen und stoppt den Alterungsprozess. Durch die Zugabe von Milch oder Zucker wird dieser Effekt jedoch verhindert. Wenn du gar nicht auf Milch in deinem Kaffee verzichten kannst, besteht die Möglichkeit, auf pflanzliche

Alternativen zurückzugreifen. Diese beeinflussen die Autophagie nicht. Pro Tag solltest du nicht mehr als drei Tassen Kaffee trinken. Achte auch darauf, dass du Kaffee nicht zu spät abends trinkst. Das enthaltene Koffein könnte sich sonst negativ auf deinen Schlaf auswirken. Koffein bleibt bis zu sechs Stunden im Körper, weshalb du deinen Kaffeekonsum idealerweise an deine Schlafenszeit anpassen solltest. Je mehr Kaffee du trinkst, desto mehr gewöhnt sich dein Körper übrigens daran. Das bedeutet, dass er auf das Koffein nicht mehr so gut anspricht und quasi immun wird. Um langfristig vom leistungssteigernden Effekt profitieren zu können, müsstest du also deine Menge an Kaffee regelmäßig erhöhen. Zu viel Kaffee bewirkt jedoch das Gegenteil und kann sich schädlich auf deinen Körper auswirken. Trinke deinen Kaffee deshalb bewusst und nicht nur nebenbei. Versuche außerdem, die Koffeinmenge in deinem Kaffee gering zu halten, damit sich der Körper nicht so schnell daran gewöhnt. Espresso oder ein Americano enthalten beispielsweise weniger Koffein als ein Filterkaffee.

▶ Tee

Du trinkst lieber Tee? Dann solltest du auch hier auf Milch und Zucker verzichten. Besonders grüner und weißer Tee haben einige positive Effekte auf deinen Körper, da sie viele Antioxidantien enthalten. Antioxidantien fangen freie Radikal im Körper ein und schützen dadurch die Zellen, weshalb Tee eine sehr gute Ergänzung zum Wasser ist. Wenn du keinen grünen oder weißen Tee magst, kannst du natürlich auch auf andere Teesorten zurückgreifen. Achte jedoch darauf, dass in dem Tee keine Zusätze wie Aromen oder Süßstoffe enthalten sind.

▶ Saftschorlen

Bist du ein Liebhaber von Saftschorlen, dann solltest du diese am besten selbst herstellen. Gekaufte Saftschorlen enthalten meist zu viel Zucker und weitere Zusatzstoffe, was sich negativ auf deine Verdauung und deinen Stoffwechsel auswirkt. Die Menge an Wasser und Saft sollte immer in einem Verhältnis von 4:1 zu stehen. Damit verdünnst du die Saftschorle ausreichend und reduzierst den enthaltenen Zuckeranteil. Der Saft selbst sollte ungezuckert sein und nur den natürlichen Fruchtzucker des jeweiligen Obstes enthalten. Um die Zufuhr an Zucker möglichst gering zu halten, solltest du pro Tag jedoch nicht mehr als drei Gläser Saftschorle trinken.

▶ Infused Water

Wer nur ungerne pures Wasser trinkt, kann sein Wasser mit Obst, Gemüse oder Kräutern anreichern. Dadurch bekommt das Wasser mehr Geschmack und kann dir dabei helfen, die nötige Menge an Wasser aufzunehmen. Als Zusatz eignen sich beispielsweise Zitrone, Limette, Minze, Rosmarin, Gurke und Ingwer. Auch hier solltest du dein Infused Water immer selbst herstellen, um weitere Zusätze zu vermeiden. Der Vorteil am Infused Water liegt jedoch nicht nur im Geschmack, sondern du reicherst dein Wasser durch die Zugabe an frischen Lebensmitteln zusätzlichen auch mit Vitaminen und Mineralien an.

Wenn du ausreichend viel trinkst, steigerst du damit gleichzeitig deinen Grundumsatz. So wurde in verschiedenen Studien herausgefunden, dass der Energieverbrauch des Menschen steigt, sobald die Flüssigkeitszufuhr erhöht wurde. Am effektivsten ist dabei kaltes Wasser, weil unser Körper hier zusätzliche Energie aufwenden muss, um das Wasser auf Körpertemperatur zu erwärmen. Ein weiterer Trick ist es, vor dem Frühstück ein Glas Wasser mit Apfelessig oder Zitrone zu trinken. Das kurbelt deinen Stoffwechsel einmal richtig an und bereitet ihn optimal auf die erste Mahlzeit des Tages vor. Den gleichen Effekt hat auch Ingwertee, den du entweder heiß oder kalt trinken kannst.

Achtsam essen und genießen

Achtsamkeit solltest du nicht nur zur Ruhe und Entspannung nutzen, sondern auch bei der Nahrungsaufnahme praktizieren. Wenn du achtsam isst, kannst du Stress beim Essen reduzieren und lernst gleichzeitig wieder auf deine Bedürfnisse zu hören. Essen ist heutzutage etwas, das wir eher nebenbei machen. Wir essen, während wir vor dem Fernseher sitzen, am Laptop arbeiten oder wenn wir unter Zeitdruck stehen. Essen ist damit zu etwas Nebensächlichem geworden, wodurch wir verlernen, auf unseren Körper zu hören. Wir achten nicht darauf, was wir essen, wann wir essen und ob wir eigentlich hungrig oder satt sind. Das kann entweder dazu führen, dass wir zu viel oder auch zu wenig essen.
Essen ist jedoch sehr viel mehr als eine unbewusste Nahrungsaufnahme. Essen liefert uns Energie und alle wichtigen Nährstoffe, die unser Körper braucht. Darüber hinaus ist Essen aber auch Genuss. Du solltest daher unbedingt bewusst essen, um wieder mehr Wertschätzung gegenüber deiner Nahrung und deinem Körper zu bekommen.

Wie bereits erklärt, bedeutet Achtsamkeit, jeden Moment bewusst wahrzunehmen. Dabei geht es nicht darum, die Situation zu bewerten, sondern einfach nur wahrzunehmen. Wenn wir mit Achtsamkeit essen, lernen wir wieder auf unser Bauchgefühl zu hören, anstatt einer Gewohnheit zu folgen.

Ich habe dir nachfolgend ein paar Tipps zusammengestellt, wie du achtsames Essen neu lernen kannst. Nimm dir regelmäßig bewusst Zeit zum Essen und versuche achtsames Essen so oft wie möglich in deinen Alltag zu integrieren. Du wirst schon bald bemerken, welchen neuen, positiven Bezug du zum Essen bekommst und wie du dadurch zufriedener, ausgeglichener und gesünder wirst.

Keine Ablenkung: Beim achtsamen Essen ist es wichtig, dass du nicht von äußeren Reizen abgelenkt wirst. Dadurch kannst du dich nämlich nicht ausreichend auf das Essen konzentrieren und deine Aufmerksamkeit wird stattdessen stets auf andere Dinge gelenkt. Um dem vorzubeugen, solltest du deshalb von vornherein alle Störquellen eliminieren. Mache also deinen Fernseher und Computer aus. Leg dein Handy beiseite und schalte es stumm. Am besten setzt du dich zum Essen direkt an deinen Esstisch. So kannst du dein Essen besser würdigen und dich mental besser darauf einstellen.

Hungergefühl: Zuallererst solltest du dir die Frage stellen, ob du überhaupt Hunger hast. Häufig essen wir, weil uns die Tageszeit die Essenszeit vorgibt. Doch das muss nicht mit deinem Hungergefühl zusammenpassen. Verspürst du keinen Hunger, dann solltest du nicht essen, auch wenn es vielleicht die richtige Tageszeit dafür ist. Dein Körper ist noch mit allem versorgt und zufrieden. Wenn dein Magen knurrt, dann fühle zunächst in dich hinein, wie hungrig du tatsächlich bist. Hast du nur ein bisschen Hunger oder sehr starken Hunger? An diesen Hunger solltest du deine Portionsgrößen anpassen.

Appetit: Bevor du anfängst, dein Essen zuzubereiten, solltest du einmal in dich hinein hören. Dafür kannst du gerne die Augen schließen, um dich voll und ganz auf deinen Körper konzentrieren zu können. Spüre in dich hinein und versuche herauszufinden, was dein Körper jetzt braucht. Welche Nährstoffe benötigt er? Oft sagt dir dein Körper bereits, was ihm fehlt und vermittelt dir dies über deinen Appetit. Viele Menschen haben diese Intuition jedoch verloren, indem sie ihrem Körper nur schlechte und ungesunde Lebensmittel zugeführt haben. Sobald du aber wieder lernst, auf deinen Körper zu hören und ihn mit den richtigen Lebensmitteln versorgst, wirst du auch deine Intuition zurückerlangen. Worauf hast du also Appetit? Welches Obst? Welches Gemüse? Versuche alle Körpersignale zu deuten und bereite erst dann dein Essen zu.

Kleine Portionen: Auch wenn du großen Hunger hast, solltest du dir zunächst einmal eine kleine Portion anrichten. Durch die kleinen Portionen kannst du dein Sättigungsgefühl zwischendurch besser bestimmen und rechtzeitig mit dem Essen aufhören. Zudem sorgen kleine Portionen dafür, dass du dein Essen nicht schnell herunterschlingst, sondern langsamer und bewusster isst. Du kannst die Portion natürlich jederzeit nachfüllen, wenn du noch nicht gesättigt bist. Beachte jedoch, dass das Sättigungsgefühl erst nach knapp 20 Minuten einsetzt. Daher solltest du langsam essen und dir ausreichend Zeit beim Essen lassen. Versuche, die 20 Minuten voll ausschöpfen und erst mit dem Essen aufhören, wenn die 20 Minuten vorbei sind. Das ist gerade zu Beginn etwas ungewohnt, da wir häufig schnell essen, um uns anschließend wieder anderen Dingen widmen zu können. Doch mit der Zeit wirst du dich daran gewöhnen, langsam zu essen und es mehr und mehr genießen.

Betrachte dein Essen: Vor dem ersten Bissen solltest du dein Essen zunächst einmal genauer betrachten. Setze dich also an den Tisch, stelle dein Essen vor dich hin und schaue es dir sorgfältig an. Wie sieht es aus? Welche Lebensmittel siehst du? Welche Form, Struktur und Farben haben sie? Sieht dein Essen ansprechend aus? Wie riecht dein Essen? Kannst du einzelne Gerüche wahrnehmen? Gibt es Lebensmittel auf die du dich besonders freust? Oder gibt es vielleicht Lebensmittel, für die du dich jetzt nicht mehr entscheiden würdest?

Iss bewusst: Das Essen selbst sollte auch in vollem Bewusstsein stattfinden. Versuche, dich voll und ganz auf das Essen zu konzentrieren. Schiebe alle aufkommenden Gedanken beiseite und gib ihnen keinen Raum. Es kann helfen, vor dem Essen ein paar Mal bewusst ein- und auszuatmen. Schließe dafür die Augen und atme langsam. Atme für fünf Sekunden ein, halte für zwei Sekunden deinen Atem und atme anschließend wieder für fünf Sekunden aus. Wiederhole diesen Vorgang ruhig ein paar Mal. Du wirst merken, wie du augenblicklich entspannst und dich vollkommen bewusst in der Gegenwart befindest. Versuche anschließend auch, das Essen in deinem Mund wahrzunehmen, wenn du isst. Welche Temperatur hat das Essen? Welche Textur hat es? Wie schmeckt es? Was schmeckt dir besonders oder eher weniger gut? Welches Gefühl gibt dir das Essen?

Während des Essens solltest du bewusst langsam und lange kauen. Häufig schlingen wir und schlucken viel zu große Bissen herunter. Dies wirkt sich jedoch negativ auf die Verdauung aus. Wenn du stattdessen gründlich kaust, entlastest du deinen Verdauungstrakt und spaltest die Lebensmittel schon frühzeitig zu einem guten Stück auf. Du solltest rund 30x kauen, bevor du das Essen herunterschluckst. Achte zudem darauf, dass du während des Essens ausreichend Pausen machst. Du musst nicht die ganze Zeit essen, sondern darfst und sollst zwischendrin Pausen machen. Dadurch kannst du den Vorgang des Essens besser genießen und wahrnehmen. Eile hat bei achtsamen Essen keinen Platz. Zudem kannst du so die 20 Minuten leichter füllen.

Sättigungsgefühl: Viele Menschen essen weit über ihr natürliches Sättigungsgefühl hinaus. Häufig geschieht das durch schnelles Herunterschlingen und zu große Portionen. Sie fragen sich vorher nicht, wie viel Hunger sie eigentlich haben, sondern essen so lange, bis der Teller leer ist. Da sie zudem die 20 Minuten in der Regel nicht ausnutzen, sondern sehr viel schneller essen, nehmen sie sich vielleicht noch eine zweite Portion. Sind die 20 Minuten um, fühlen sie sich dann plötzlich vollkommen übergessen. Das ist nicht nur ein ungutes Gefühl, sondern belastet auch den Körper und die Psyche. Sie fühlen sich schlapp und träge. Beim achtsamen Essen passiert dies nicht. Indem du achtsam und langsam isst, kannst du jederzeit in deinen Körper hinein spüren, wie satt du bereits bist. Bist du schon satt, bevor dein Teller leer ist, dann darfst du aufhören. Du musst nicht aufessen, wie es uns als Kind häufig beigebracht wurde. Die Sonne wird trotzdem morgen scheinen. Wenn du nach deiner Portion noch hungrig bist, darfst du dir natürlich gerne noch etwas nehmen. Mit der Zeit wirst du immer besser lernen, auf deine Körpersignale zu hören und diese richtig zu deuten.[74]

SAISONALE REZEPTE FÜR JEDE JAHRESZEIT

Auf den folgenden Seiten findest du über 30 gesunde Rezepte mit typisch saisonalen Zutaten für jede Jahreszeit – die ideale Grundlage, um den eigenen Ernährungs- und Lebensstil unkompliziert und nachhaltig zu verändern.

Wir wünschen dir viel Freude beim Ausprobieren und genießen!

Abkürzungen

TL	Teelöffel, entspricht etwa 5 Millilitern
EL	Esslöffel, entspricht etwa 15 Millilitern
ml	Milliliter
L	Liter
g	Gramm
kg	Kilogramm

REZEPTE FÜR DEN WINTER

Frühstück

Dinkelbrot
Granola

Hauptgericht

Champignon-Risotto
Kartoffel-Lauch-Gratin
Weißkohlauflauf
Kartoffelsuppe

Dessert

Bratapfel mit Cashew-Vanillesoße
Milchreis mit Mandeln & Schokoraspeln

DINKELBROT

Zubereitungszeit: 10 + 50 Min. backen

Zutaten (für 1 Brot):
250 g Quark
400 g Dinkelmehl, Typ 630
200 g Dinkelmehl, Typ 1050
5 EL Olivenöl
2 EL Leinsamen
3 EL Leinsamen, geschrotet
3 EL Flohsamenschalen
9 g Natron
2 TL Salz
750 ml Wasser mit Kohlensäure

Zubereitung:

1. Den Backofen auf 180 °C Ober- und Unterhitze vorheizen.
2. Quark, Salz und Olivenöl miteinander verrühren. Mineralwasser dazugeben und noch einmal gut durchrühren.
3. Mehl, Leinsamen, Natron und Flohsamenschalen mischen und unter die Quarkmischung rühren. Alles gut miteinander vermengen und mit einem Knethaken oder per Hand zu einem glatten Teig kneten.
4. Anschließend den Teig in eine eingefettete Brotbackform geben und für 50 Minuten im Ofen backen.

Tipp: *Durch die Zugabe von Nüssen und/oder Kernen bekommt das Brot noch mehr Biss.*

GRANOLA

Zubereitungszeit: 40 Min.

Zutaten (für ca. 15 Portionen):
300 g Haferflocken
120 g gehackte Nüsse
50 g Samen und Kerne (z. B. Kürbis- und Sonnenblumenkerne, Sesam, Mandeln)
100 ml Ahornsirup oder eine andere Zuckeralternative
25 ml Rapsöl
1/2 TL Zimt
1 Prise Salz

Zubereitung:
1. Den Backofen auf 180 °C Umluft vorheizen.
2. Die Haferflocken, gehackte Nüsse, Samen und Kerne in einer großen Schüssel vermischen. Dann Zimt und Salz hinzugeben und unterrühren.
3. Ahornsirup und Öl hinzugeben und sehr gut mit den übrigen Zutaten vermengen.
4. Das Granola gleichmäßig auf einem Backblech verteilen und ca. 20-25 Minuten backen, dabei nach der Hälfte der Backzeit einmal wenden.
5. Anschließend abkühlen lassen, damit das Granola aushärtet.

Tipp: *In einem licht- und luftdichten Behälter hält sich das selbst gemachte Granola bis zu drei Wochen.*

CHAMPIGNON-RISOTTO

Zubereitungszeit: 45 Min.

Zutaten (für 2 Portionen):
400 g Champignons
200 g Risottoreis
1 Zwiebel
600 ml Gemüsebrühe
4 EL Olivenöl
20 g Petersilie
Salz, Pfeffer

Zubereitung:

1. Die Champignons putzen und trocknen. Die Hälfte der Champignons in Würfel und den Rest in Scheiben schneiden.
2. Die Zwiebel abziehen und fein würfeln. Mit den gewürfelten Champignons in einem Topf geben und mit etwas Öl anschwitzen.
3. Den Risottoreis zugeben und mitschwitzen, bis die Körner glasig sind. Nach und nach die Gemüsebrühe hinzufügen und bei kleiner Stufe ca. 30 Minuten köcheln lassen. Dabei immer wieder rühren, bis das Risotto bissfest gegart ist.
4. In einer Pfanne Öl erhitzen. Die Champignonscheiben darin anbraten und mit Salz und Pfeffer abschmecken. Warm stellen.
5. Das Risotto nach Belieben mit Salz und Pfeffer würzen, mit Petersilie garnieren und gemeinsam mit den warm gestellten Champignons servieren!

Tipp: *Das Rezept lässt sich auch gut mit Karotten oder Zucchini kombinieren.*

KARTOFFEL-LAUCH-GRATIN

Zubereitungszeit: 10 + 55 Min. backen

Zutaten (für 2 Portionen):

400 g Kartoffeln
200 g Lauch/Porree
250 ml Milch
1 EL Olivenöl
50 g Gouda
Muskatnuss
Salz, Pfeffer

Zubereitung:

1. Den Backofen auf 200 °C Ober- und Unterhitze vorheizen.
2. Kartoffeln schälen und in dünne Scheiben schneiden.
3. Den Lauch ebenfalls waschen, putzen und in etwas dickere Scheiben schneiden.
4. Die Auflaufform ggf. mit Olivenöl einfetten und abwechselnd Kartoffeln und Lauch darin schichten. Etwas Lauch zum Dekorieren zurückbehalten. Alles mit Salz und Pfeffer würzen.
5. Die Milch aufkochen und Kartoffeln und Lauch damit gleichmäßig begießen. Gouda raspeln und über das Gratin streuen.
6. Das Gratin im vorgeheizten Ofen für 45 Minuten backen.
7. Vor dem Servieren das Kartoffel-Lauch-Gratin mit den zurückbehaltenen Lauchstücken bestreuen.

WEISSKOHLAUFLAUF

Zubereitungszeit: 20 + 40 Min. backen

Zutaten (für 2 Portionen):
200 g Hackfleisch, gemischt
300 g Weißkohl
50 g Gouda, geraspelt
1 Zwiebel
1 Ei
75 g saure Sahne
2 EL Olivenöl
Petersilie
Salz, Pfeffer

Zubereitung:

1. Den Backofen auf 200 °C Ober- und Unterhitze vorheizen.
2. Weißkohl waschen, den Strunk entfernen und in feine Streifen schneiden.
3. Den Kohl ein einem großen Topf kurz blanchieren.
4. Zwiebel abziehen und fein hacken. Die Zwiebeln anschließend unter das Hackfleisch mischen. Öl in einer Pfanne erhitzen und das Hackfleisch zusammen mit den Zwiebeln darin krümelig braten.
5. Den Weißkohl und das Hackfleisch abwechselnd in eine Auflaufform schichten.
6. Ei, Sahne, Petersilie und geraspelter Gouda für die Soße miteinander verrühren, mit Salz und Pfeffer abschmecken und anschließend gleichmäßig über den Auflauf gießen.
7. Den Weißkohlauflauf für 35-40 Minuten backen. Kurz vor Ende der Backzeit optional noch etwas geriebenen Käse darüber streuen und ca. 5 Minuten weiterbacken, bis der Käse geschmolzen ist.

Tipp: *Wer den Auflauf lieber ohne Hackfleisch zubereiten möchte, kann stattdessen auf eine pflanzliche Alternative zurückgreifen. Dafür eignen sich beispielsweise Grünkern, Tempeh oder Linsen.*

KARTOFFELSUPPE

Zubereitungszeit: 40 Min.

Zutaten (für 2 Portionen):

1 Zwiebel
1 Bund Suppengemüse
200 g Kartoffeln, mehlig
2 EL Olivenöl
400 ml Gemüsebrühe
50g Crème fraîche
1/2 Bund Majoran
Muskatnuss
Salz, Pfeffer

Zubereitung:

1. Zwiebel schälen und fein hacken. Suppengemüse waschen und klein schneiden. Kartoffeln schälen und ebenfalls in kleine Stücke schneiden.
2. In einem Topf Öl erhitzen und die Zwiebeln darin glasig anbraten. Kartoffeln und Suppengemüse hinzufügen und für ein paar Minuten mitbraten. Mit Brühe aufgießen, aufkochen und für 20 Minuten köcheln lassen.
3. Die Suppe mit einem Mixer fein pürieren. Crème fraîche einrühren und anschließend mit Salz, Pfeffer sowie Muskatnuss würzen.
4. Majoran waschen und fein hacken. Suppe in Schälchen umfüllen und mit dem gehackten Majoran garnieren.

BRATAPFEL MIT CASHEW-VANILLESOSSE

Zubereitungszeit: 20 + 35 Min. backen

Zutaten (für 4 Portionen):
4 Äpfel
4 EL Haferflocken
1 EL Rosinen oder getrocknete Cranberries
1 EL Walnüsse
1 EL Mandelmus
1 EL Ahornsirup oder eine andere Zuckeralternative
1/4 TL Zimt
1 EL Kokosöl
100 g Cashewkerne
2 TL gemahlene Vanille
1 EL Ahornsirup oder eine andere Zuckeralternative
50 ml Hafermilch oder eine andere Milchalternative

Zubereitung:

1. Den Backofen auf 200 °C Ober- und Unterhitze vorheizen und die Auflaufform mit etwas Kokosöl einfetten.
2. Die Cashewkerne in eine Schüssel mit Wasser geben und 20 Minuten einweichen lassen.
3. Äpfel waschen, einen etwa 2 cm hohen Deckel abschneiden und das Kerngehäuse entfernen. Anschließend Äpfel in die Auflaufform setzen.
4. Für die Füllung die Walnüsse grob hacken, mit den Haferflocken, Rosinen, Mandelmus, Ahornsirup und Zimt vermengen.
5. Die Äpfel mit der fertigen Masse füllen und für ca. 25 Minuten im Ofen backen. Nach 15 Minuten die Deckel aufsetzen und mitbacken.
6. Für die Cashew-Vanillesoße: Die Cashewkerne abspülen und abtropfen lassen. Dann zusammen mit der gemahlenen Vanille, Ahornsirup und Hafermilch in einen Mixer geben und einige Minuten fein und cremig mixen.
7. Bratäpfel mit der Cashew-Vanillesoße anrichten und servieren.

Tipp: *Für das Rezept eignen sich säuerlichen Äpfel (z. B. Boskop, Elstar, Jonagold) am besten.*

MILCHREIS MIT MANDELN & SCHOKORASPELN

Zubereitungszeit: 20 Min.

Zutaten (für 2 Portionen):

300 ml Pflanzenmilch nach Belieben
200 ml Kokosmilch
100 g Milchreis
1 1/2 TL Ahornsirup oder eine andere Zuckeralternative
2 EL Mandeln, gehackt
1 EL geraspelte Zartbitterschokolade
1 Prise Salz

Zubereitung:

1. Die Pflanzen- und Kokosmilch zusammen mit einer Prise Salz zum Kochen bringen.
2. Den Reis einstreuen und umrühren. Erneut aufkochen und bei schwacher Hitze mit halb geöffnetem Deckel für ca. 30 Minuten garen, bis der Reis vollständig aufgequollen ist und die gewünschte Konsistenz hat. Dabei ab und zu umrühren.
3. Anschließend den Ahornsirup unterrühren und den Milchreis auf Schälchen verteilen. Mit den Mandeln und der geraspelten Schokolade anrichten und servieren.

Tipp: *Wer Kalorien sparen möchte, kann die Hälfte der Kokosmilch durch Wasser ersetzen.*

REZEPTE FÜR DAS FRÜHJAHR

Frühstück

Overnight-Oats mit Leinsamen
Quark mit Leinsamen und Erdbeeren

Hauptgericht

Omelett mit grünem Spargel
Dinkel-Mangold-Gnocchi
Spargelsuppe
Radieschen-Salat

Dessert

Rhabarber Crumble
Holunderblütensorbet

OVERNIGHT-OATS MIT LEINSAMEN

Zubereitungszeit: 10 + 50 Min. quellen

Zutaten (für 2 Portionen):
100 g Haferflocken
2 EL Leinsamen, geschrotet
200 ml Hafermilch
4 EL Sonnenblumenkerne
4 TL Honig
100 g Erdbeeren
1 Apfel

Zubereitung:

1. Die Hafermilch in einem Schälchen mit dem Honig mischen und gut verrühren. Haferflocken, Sonnenblumenkerne und Leinsamen unter die Milch rühren.
2. Das Schälchen am besten über Nacht im Kühlschrank quellen lassen. Bei Bedarf kann die Quellzeit auf 50 Minuten reduziert werden.
3. Erdbeeren waschen und halbieren. Apfel waschen, entkernen und in kleine Stücke schneiden.
4. Die Overnight-Oats vor dem Servieren noch einmal kurz umrühren und das Obst als Topping darüber verteilen.

Tipp: *Das Topping kann nach Belieben durch andere Obstsorten ergänzt oder ersetzt werden. Auch Nüsse eignen sich ideal als Topping für die Overnight-Oats.*

QUARK MIT LEINSAMEN UND ERDBEEREN

Zubereitungszeit: 10 Min.

Zutaten (für 2 Portionen):

75 g Magerquark
4 EL Leinöl
8 EL Leinsamen, geschrotet
8 EL Milch
100 g Erdbeeren

Zubereitung:

1. Magerquark, Leinöl und Leinsamen zusammen mit der Milch verrühren und für kurze Zeit quellen lassen.
2. In der Zwischenzeit die Erdbeeren waschen, in mundgerechte Stücke schneiden und anschließend unter den Quark heben.
3. Bei Bedarf kann der Quark noch mit etwas Honig gesüßt werden.

Tipp: *Natürlich können die Erdbeeren nach Belieben durch andere Obstsorten ergänzt oder ersetzt werden.*

OMELETT MIT GRÜNEM SPARGEL

Zubereitungszeit: 30 Min.

Zutaten (für 2 Portionen):
3 Eier
250 g grüner Spargel
1 kleine Zwiebel
3 EL Petersilie (gehackt)
1 TL Butter
50 g Crème fraîche
Salz, Pfeffer
frische Kräuter (nach Belieben)
1 Scheibe gekochter Schinken (optional)

Zubereitung:
1. Spargel waschen und die holzigen Enden entfernen. Zwiebel abziehen und fein hacken. Eier und 1 EL Wasser mit einem Schneebesen verrühren. Zwiebeln und gehackte Petersilie unterrühren. Mit Salz und Pfeffer würzen.
2. Den Spargel in Salzwasser 10 Minuten garen. Abtropfen lassen und halbieren.
3. In einer Pfanne Butter erhitzen und aufschäumen lassen. Die Hälfte der Eimasse in die Pfanne gießen und bei mittlerer Hitze stocken lassen. Anschließend auch das zweite Omelett auf diese Weise ausbacken.
4. Die frischen Kräuter klein hacken.
5. Spargelstangen auf den Omeletts verteilen und diese anschließend in der Mitte zuklappen. Je ein EL Crème fraîche darüber geben und mit Kräutern bestreut servieren. Optional können zusätzlich auch ein paar Schinkenwürfeln über den Omeletts verteilt werden.

Tipp: *Dazu passt ein knackiger grüner Salat mit Tomaten.*

DINKEL-MANGOLD-GNOCCHI

Zubereitungszeit: 35 Min.

Zutaten (für 2 Portionen):
450 g Mangold
250 g Dinkelvollkornbrot
2 Eier
2 EL Butter
10 g Salbei
30 g Butterkäse, gerieben
Salz, Pfeffer

Zubereitung:
1. Den Mangold waschen und in Salzwasser für ein paar Minuten blanchieren. Anschließend herausnehmen und mit kaltem Wasser abschrecken. Mangold etwas abkühlen lassen und anschließend fein hacken.
2. Salbei waschen und ebenfalls klein hacken. Dinkelbrot zerbröseln. Mangold mit dem Brot und den Eiern vermengen und mit Salz und Pfeffer würzen. Alles so lange kneten, bis es sich verbunden hat.
3. Den Teig zu langen, etwa fingerdicken Rollen formen, in ca. 2 cm große Stücke schneiden und daraus kleine Gnocchi formen.
4. In einem Topf Salzwasser aufkochen. Den Topf vom Herd nehmen und die Gnocchi in das heiße Wasser gleiten lassen. Sobald die Gnocchi oben schwimmen, können sie wieder herausgenommen werden.
5. In einer Pfanne Butter erhitzen und die Gnocchi darin zusammen mit dem Salbei kurz anbraten.
6. Zum Servieren den geriebenen Butterkäse über die Gnocchi streuen.

Tipp: *Das typische Gnocchi-Rillen-Muster lässt sich ganz leicht mit einer Gabel einarbeiten. Dafür die Gnocchi einfach an die Spitze des Gabelzinkens setzen und sanft mit dem Daumen über die Gabel rollen.*

SPARGELSUPPE

Zubereitungszeit: 40 Min.

Zutaten (für 2 Portionen):
400 g Spargel
1 Schalotte
100 g Kartoffeln, mehlig
1 El Olivenöl
2 EL Dinkelmehl
100 ml Gemüsebrühe
600 ml Wasser
50g Crème fraîche
Salz, Pfeffer
Petersilie, gehackt (optional)

Zubereitung:

1. Spargel schälen und die holzigen Enden abschneiden. Die Schalen und Enden anschließend in einen Topf geben und mit 600 ml Wasser aufkochen. Für 10 Minuten köcheln lassen, anschließend die Spargelstangen hinzufügen und für weitere 20 Minuten köcheln.
2. Die Spargelstangen aus dem Sud nehmen und beiseitestellen. Den Sud durch ein Sieb geben und wieder auffangen.
3. Schalotten abziehen und klein hacken. Kartoffeln schälen und in kleine Stücke schneiden.
4. Olivenöl in einem Topf erhitzen und die Schalotte darin andünsten. Mehl hinzufügen, gut rühren und währenddessen mit 500 ml Sud ablöschen. Zum Kochen bringen, dann Hitze reduzieren und für 15 Minuten köcheln lassen.
5. Die Spargelstangen in Stücke schneiden und zur Suppe geben. Wer mag kann ein paar Spargelstücke zurückbehalten, um sie später in die fertige Suppe zu geben. Alle Zutaten fein pürieren, mit Salz und Pfeffer abschmecken und zum Schluss die Crème fraîche unterrühren.
6. Vor dem Servieren zurückbehaltene Spargelstücke wieder zur Suppe geben. Optional kann die Suppe mit etwas Petersilie dekoriert werden.

Tipp: *Das Rezept lässt sich alternativ auch mit einer Mischung aus grünem und weißen Spargel zubereiten.*

RADIESCHEN-SALAT

Zubereitungszeit: 15 Min.

Zutaten (für 4 Portionen):
1/2 Bund Radieschen
1/2 Bund Rucola
100 g Feta
2 EL Olivenöl
1 EL Apfelessig
1 kleines Bund Gartenkräuter (z. B. Petersilie, Schnittlauch, Thymian, Basilikum)
Salz, Pfeffer

Zubereitung:

1. Die Radieschen putzen, waschen, von Stiel- und Wurzelansatz befreien und in Scheiben schneiden. Den Rucola waschen, trocken schleudern, die harten Stiele entfernen und in grobe Stücke zupfen oder schneiden. Den Feta in kleine Würfel schneiden.
2. Für das Dressing die Kräuter waschen und fein hacken. Anschließend mit Olivenöl, Apfelessig, Salz und Pfeffer vermengen.
3. Alle Zutaten in eine große Schüssel geben, gut durchmischen und mit dem Dressing beträufeln.

RHABARBER CRUMBLE

Zubereitungszeit: 35 Min.

Zutaten (für 2 Portionen):
100 g Äpfel
150 g Rhabarber
50 g Haferflocken
50 g Dinkelvollkornmehl
1 EL Kokosöl
1 TL Birkenzucker
2 EL Ahornsirup oder eine andere Zuckeralternative
1/2 TL Zimt

Zubereitung:

1. Den Backofen auf 180 °C Ober- und Unterhitze vorheizen.
2. Rhabarber und Äpfel waschen, putzen und in kleine Stücke schneiden. Anschließend beides in einer kleinen Schüssel vermengen.
3. Haferflocken, Dinkelvollkornmehl, Kokosöl, Ahornsirup, Zimt und Birkenzucker in eine Schüssel geben, mit den Händen mischen und kleinen Streusel formen.
4. Das Rhabarber-Apfel-Gemisch in eine kleine Auflaufform geben und die Streusel darüber geben.
5. Für ca. 30 Minuten im Ofen backen und lauwarm servieren.

HOLUNDERBLÜTENSORBET

Zubereitungszeit: 10 Min.

Zutaten (für 2 Portionen):

250 g Eiswürfel oder Crushed Ice
70 g Holunderblütensirup
1 Spritzer Zitronensaft
Apfeldicksaft

Zubereitung:

1. Eiswürfel, Sirup und Zitronensaft in einen Mixer füllen und gut durchmixen, bis das Eis fein zerstoßen ist.
2. Mit Apfeldicksaft abschmecken, nochmals kurz durchrühren und servieren oder bis zum Verzehr im Gefrierschrank aufbewahren.

Tipp: *Wenn du noch ein paar Basilikum- oder Minzblätter mit in den Mixer gibst, bekommt das Sorbet einen leicht herzhaften Geschmack und eine tolle grüne Farbe!*

REZEPTE FÜR DEN SOMMER

Frühstück

Müsli mit frischen Beeren
Beeren-Smoothie

Hauptgericht

Brokkoli-Hähnchenpfanne
Zucchini-Carpaccio
Auberginen-Tomaten-Auflauf mit Linsenhack
Ofenkartoffeln mit Radieschen-Quark

Dessert

Grießpudding mit Heidelbeersoße
Warme Feigen mit Ricotta

MÜSLI MIT FRISCHEN BEEREN

Zubereitungszeit: 10 + 30 Min. kühlen

Zutaten (für 2 Portionen):

2 EL Haferflocken
1 EL Rosinen
50 ml Milch oder Pflanzenmilch
300 g Joghurt
150 g Beeren (z. B. Blaubeeren, Himbeeren, Johannisbeeren)
Honig
Granola (optional)

Zubereitung:

1. Haferflocken, Rosinen und Milch in eine große Schüssel geben und miteinander vermischen. Nun für 30 Minuten kühl stellen und quellen lassen.
2. Anschließend den Joghurt hinzufügen und bei Bedarf mit etwas Honig süßen.
3. Beeren waschen, ggf. in mundgerechte Stücke schneiden und unter das Müsli heben. Ein paar Beeren für das Topping zurückhalten.
4. Joghurt in kleine Schälchen füllen, mit den restlichen Beeren belegen und ggf. das Granola darauf verteilen. Sofort servieren.

BEEREN-SMOOTHIE

Zubereitungszeit: 10 Min.

Zutaten (für 2 Portionen):

300 g Heidelbeeren oder andere Beeren nach Belieben
150 ml Milch oder Pflanzenmilch
20 g Mandeln
100 ml Wasser
1 TL Honig

Zubereitung:

1. Heidelbeeren waschen und abtropfen lassen.
2. Beeren mit den restlichen Zutaten in einen Mixer geben und fein pürieren.
3. Bei Bedarf noch etwas Wasser oder Milch hinzugeben, wenn dir der Smoothie noch zu dickflüssig ist.

BROKKOLI-HÄHNCHENPFANNE

Zubereitungszeit: 30 Min.

Zutaten (für 2 Portionen):

350 g Hähnchenbrust
300 g Brokkoli
300 g Paprika
2 Knoblauchzehen
2 EL Olivenöl
Salz, Pfeffer
1/2 TL Paprikapulver
2 Zweige frischer Rosmarin

Zubereitung:

1. Den Knoblauch schälen und klein hacken. Rosmarin waschen, Nadeln von den Stielen streifen und grob zerkleinern.
2. Paprika und Brokkoli waschen. Die Paprika würfeln, Brokkoliröschen vom Strunk entfernen und anschließend in mundgerechte Stücke schneiden.
3. Hähnchenbrust waschen, trocken tupfen und ebenfalls in mundgerechte Stücke schneiden.
4. Öl in einer großen Pfanne erhitzen und Knoblauch, Rosmarin und Hähnchen für rund 5 Minuten darin anbraten. Das Ganze mit dem Paprikapulver und Salz würzen. Anschließend die Zutaten aus der Pfanne nehmen und beiseitestellen.
5. In der gleichen Pfanne nun die Paprikawürfel und den Brokkoli ebenfalls für 5 Minuten anbraten. Wenn das Gemüse etwas weicher sein soll, einfach entsprechend länger garen lassen.
6. Abschließend auch die angebratene Hähnchenbrust mit dem Knoblauch und Rosmarin in die Pfanne geben. Alles gut miteinander verrühren, noch einmal mit Salz und Pfeffer abschmecken und servieren.

ZUCCHINI-CARPACCIO

Zubereitungszeit: 25 Min.

Zutaten (für 2 Portionen):

75 g Zucchini, gelb
150 g Zucchini, grün
90 g Ricotta
10 g Pinienkerne
10 g Rucola
2 EL Olivenöl
1/2 Bund Basilikum
Salz, Pfeffer

Zubereitung:

1. Den Backofen auf 220 °C Ober- und Unterhitze vorheizen.
2. Die Zucchini waschen, Enden abschneiden und hauchdünne Scheiben schneiden (z. B. mit einer Brotschneidemaschine) oder hobeln.
3. Die Scheiben auf ein mit Backpapier ausgelegtes Backblech legen und mit Öl bepinseln. Mit Salz und Pfeffer würzen. Für 8 Minuten im Ofen backen und anschließen auskühlen lassen.
4. Das Basilikum waschen, von den Stielen entfernen und klein hacken. Rucola waschen, trocken schleudern und grob zupfen.
5. Basilikum unter den Ricotta mischen und gut verrühren. Mit Salz und Pfeffer abschmecken.
6. Die Pinienkerne in einer Pfanne ohne Öl goldbraun anrösten.
7. Zucchinischeiben auf einem Teller anrichten. Aus der Ricottamasse mithilfe von Esslöffeln kleine Nocken formen und auf die Zucchinischeiben legen. Mit Pinienkernen sowie Rucola bestreuen und servieren.

AUBERGINEN-TOMATEN-AUFLAUF MIT LINSENHACK

Zubereitungszeit: 50 Min. + 60 Min. Wartezeit

Zutaten (für 2 Portionen):

1 große Aubergine
3 große Tomaten
1 kleine Zwiebel
125 g rote Linsen
3 EL Tomatenmark
100 g Gouda, gerieben
2 EL Olivenöl
350 ml Gemüsebrühe
50 g grobes Meersalz
1/2 TL Chili oder Cayennepfeffer
Salz, Pfeffer

Zubereitung:

1. Die Aubergine waschen und in ca. 1 cm dicke Scheiben schneiden. Ein mit Backpapier ausgelegtes Backblech mit etwas Meersalz bestreuen, die Auberginenscheiben darauf verteilen und ebenfalls mit etwas Meersalz bestreuen. Dann Auberginen etwa 1 Stunde ziehen lassen.
2. Auberginen und das Backblech vom restlichen Salz befreien und trocken tupfen. Auberginen dann wieder auf dem Blech verteilen und mit etwas Öl bestreichen. Anschließend im vorgeheizten Backofen ca. 15 Minuten grillen und dabei einmal wenden.
3. Für das Linsenhack Zwiebel abziehen und fein hacken. Linsen in einem Sieb abspülen und abtropfen lassen. Etwas Öl in einer tiefen Pfanne erhitzen und die Zwiebel darin glasig dünsten. Mit der Gemüsebrühe ablöschen, Tomatenmark und Linsen hinzugeben und aufkochen lassen. Mit Salz und Chili würzen und ca. 25 bei mittlerer Hitze weiter köcheln, bis die Linsen weich sind. Bei Bedarf noch etwas Brühe nachgießen.
4. Den Backofen auf 180 °C Ober- und Unterhitze vorheizen.
5. Die Tomaten waschen und in gleichmäßige Scheiben schneiden. Die Hälfte des Linsenhacks in eine Auflaufform geben und abwechselnd Auberginen und Tomaten darauf schichten. Dann den Rest Soße darüber gießen und den Käse darüber streuen.
6. Auflauf für ca. 15 Minuten im heißen Ofen backen, bis der Käse geschmolzen ist.

Tipp: *An heißen Sommertagen kannst du zu dem Auflauf einen frischen Joghurt mit Minze servieren.*

OFENKARTOFFELN MIT RADIESCHEN-QUARK

Zubereitungszeit: 45 Min.

Zutaten (für 2 Portionen):
2 große Kartoffeln
100 g Radieschen
25 g Radieschensprossen
250 g Magerquark
100 g Schmand
1/2 Bund Petersilie
Salz, Pfeffer

Zubereitung:
1. Den Backofen auf 200 °C Ober- und Unterhitze vorheizen.
2. Die Kartoffeln gründlich waschen und in kochendem Wasser für ca. 25 Minuten garen.
3. Kartoffeln anschließend abgießen, auf einem Backblech verteilen und für weitere 20 Minuten im Ofen backen.
4. In der Zwischenzeit die Radieschen waschen und in kleine Stifte schneiden. Radieschensprossen und Petersilie waschen und abtropfen lassen. Die Petersilie fein hacken.
5. Den Speisequark mit dem Schmand in einer großen Schüssel vermengen und mit Salz und Pfeffer würzen. Die Hälfte der Sprossen, Radieschen und Petersilie in den Quark rühren.
6. Kartoffeln aus dem Ofen nehmen und mittig einschneiden, sodass sie gefüllt werden können.
7. Einen Teil des Quarks in die Kartoffeln füllen. Die restlichen Sprossen, Radieschen und Petersilie über die gefüllten Kartoffeln geben.
8. Die Kartoffeln servieren und den restlichen Quark dazu reichen.

Tipp: *Als leckere Alternative zu den Radieschen kannst du auch Gurke oder Paprika in den Quark rühren.*

GRIESSPUDDING MIT HEIDELBEERSOSSE

Zubereitungszeit: 20 Min.

Zutaten (für 2 Portionen):

250 ml Milch
25 g Grieß
1 Ei
125 g Heidelbeeren
1 Prise Salz
Honig oder eine andere Zuckeralternative

Zubereitung:

1. Milch, etwas Honig und 1 Prise Salz in einem Topf zum Kochen bringen. Danach den Grieß unterrühren und für 5 Minuten quellen lassen.
2. Das Ei trennen und das Eigelb in den Grießbrei rühren. Anschließend den Topf vom Herd nehmen und auskühlen lassen.
3. Das Eiweiß mit einem Mixer steif schlagen. Den Eischnee unter den abgekühlten Grieß heben.
4. Alles in kleine Schüsseln füllen und im Kühlschrank kaltstellen.
5. Die Heidelbeeren pürieren und bei Bedarf mit etwas Honig süßen. Die Soße zusammen mit dem erkalteten Grießpudding servieren.

Tipp: *Die fertige Heidelbeersoße kann auch warm serviert werden. Dafür die Soße einfach kurz vor dem Verzehr in einem Topf erhitzen.*

WARME FEIGEN MIT RICOTTA

Zubereitungszeit: 10 Min.

Zutaten (für 2 Portionen):

4 Feigen
2 EL Zitronensaft
2 EL Ahornsirup oder eine andere Zuckeralternative
50 g Ricotta

Zubereitung:

1. Den Backofen auf 200 °C Ober- und Unterhitze vorheizen.
2. Die Feigen waschen, trocken tupfen und halbieren. Anschließend mit der Schnittfläche nach oben auf ein mit Backpapier ausgelegtes Backblech legen. Den Zitronensaft mit 1 EL Ahornsirup verrühren und die Feigen damit bepinseln. Im Ofen ca. 6 Minuten backen, bis die Feigen beginnen, Farbe zu bekommen.
3. Die Feigen auf Tellern verteilen, je einen Klecks Ricotta darauf geben und mit dem restlichen Ahornsirup beträufelt servieren.

Tipp: *Alternativ kannst du die Feigen auch für ca. 15 Minuten bei 180-200 Grad indirekter Hitze auf den Grillrost zubereiten.*

REZEPTE FÜR DEN HERBST

Frühstück

Egg Florentine auf Süßkartoffel
Hirse-Porridge mit Kokosmilch

Hauptgericht

Kartoffel-Kürbis-Puffer mit Apfelmus
Bandnudeln mit Pfifferlingen
Kürbis-Kokos-Suppe mit Ingwer
Brokkoli-Apfel-Salat

Dessert

Karottenkuchen
Zimt-Apfelkompott mit Quark

EGG FLORENTINE AUF SÜSSKARTOFFEL

Zubereitungszeit: 40 Min.

Zutaten (für 2 Portionen):

1 Süßkartoffel
20 g Rucola
4 EL Cashewmus (30 g)
1 EL Olivenöl
1/2 EL grober Senf
1 EL Apfelessig
1/2 TL Honig
1 EL Essig
2 Eier
Kresse
Muskatnuss
Salz, Pfeffer

Zubereitung:

1. Den Backofen auf 200 °C Ober- und Unterhitze vorheizen.
2. Süßkartoffel waschen und in Scheiben schneiden. Auf ein mit Backpapier ausgelegtes Backblech verteilen und mit Öl bepinseln. Leicht salzen und für 25 Minuten im Ofen backen. Danach herausnehmen und kurz abkühlen lassen.
3. In der Zwischenzeit das Cashewmus mit Salz, Pfeffer und Muskatnuss würzen. Etwas Wasser hinzufügen, sodass eine cremige Konsistenz entsteht.
4. Für das Dressing Olivenöl, Senf, Apfelessig, Honig, Salz und Pfeffer verrühren. Den Rucola waschen, klein zupfen und zu dem Dressing mischen.
5. Etwa 1 Liter Wasser in einem Topf erhitzen, leicht salzen und einen Schuss Essig hinzugeben. Die Eier jeweils einzeln in eine Suppenkelle schlagen. Mit einem kleinen Schneebesen einen Strudel im Wasser erzeugen und das Ei in die Mitte des Strudels sinken zu lassen.
6. Das Ei für 4 Minuten im Wasser ziehen lassen. Danach herausnehmen und abtropfen lassen.
7. Etwas marinierten Rucola auf die einzelnen Süßkartoffelscheiben verteilen und jeweils ein Ei darauf setzen. Zum Servieren die Cashewsoße über das Ei geben. Kresse abschneiden, waschen und ebenfalls über das Ei streuen.

Tipp: *Die Süßkartoffel kannst du problemlos mit Schale essen. In und direkt unter der Schale stecken viele wichtige Nährstoffe, die nicht oder nur in geringen Mengen im Fruchtfleisch enthalten sind. So ist die Schale zum Beispiel besonders reich an Ballaststoffen und Vitaminen.*

HIRSE-PORRIDGE MIT KOKOSMILCH

Zubereitungszeit: 20 Min.

Zutaten (für 2 Portionen):
120 g Hirse
200 ml Wasser
150 ml Kokosmilch
1 Apfel
4 Quitten
2 EL Kokosflocken
1 EL Sesam
2 EL Leinsamen
Zimt

Zubereitung:
1. Die Hirse in einem Sieb unter laufendem Wasser abspülen.
2. Dann Hirse, Sesam und Leinsamen mit dem Wasser und der Kokosmilch in einem Topf vermischen und aufkochen lassen.
3. In der Zwischenzeit Apfel und Quitten waschen und in kleine Stücke schneiden. Beides unter das Porridge geben und mitkochen und das Ganze ca. 5 Minuten köcheln lassen.
4. Anschließend die Hitze reduzieren und einige Minuten mit geschlossenem Deckel quellen lassen.
5. Vor dem Servieren mit Zimt und Kokosflocken bestreuen.

KARTOFFEL-KÜRBIS-PUFFER MIT APFELMUS

Zubereitungszeit: 45 Min.

Zutaten (für 2 Portionen):

500 g Äpfel
3 Kartoffeln
150 g Hokkaido
1 Zwiebel
1 Ei
3 EL Olivenöl
Salz, Pfeffer

Zubereitung:

1. Die Äpfel schälen, entkernen und in kleine Würfel schneiden. Anschließend mit ca. 25 ml Wasser in einem Topf aufkochen und für ca. 20 Minuten köcheln lassen.
2. In der Zwischenzeit die Kartoffeln schälen und raspeln. Kürbis waschen, halbieren und die Kerne mit einem Löffel entfernen, anschießend ebenfalls raspeln. Zwiebeln schälen und reiben.
3. Zwiebeln, Kartoffeln und Kürbis in einer Schüssel vermengen. Das Ei zu der Masse geben und gut mit Salz und Pfeffer würzen.
4. Ausreichend Öl in einer Pfanne erhitzen. Sobald das Öl heiß genug ist, je 2 EL der Masse zu einem flachen Puffer formen und von beiden Seiten goldbraun braten.
5. Die gekochten Äpfel für das Apfelmus pürieren und zusammen mit den Puffern servieren.

Tipp: *Aus den übrig gebliebenen Kürbiskernen lässt sich ein leckerer und gesunder Snack zubereiten. Löse die Kerne dafür einfach vom restlichen Fruchtfleisch, lasse sie trocknen und röste sie anschließend an.*

BANDNUDELN MIT PFIFFERLINGEN

Zubereitungszeit: 35 Min.

Zutaten (für 2 Portionen):
200 g Bandnudeln
2 TL Steinpilze, getrocknet
200 g Pfifferlinge
1 Schalotte
75 g Schmand
25 g Pinienkerne
1 EL Olivenöl
150 ml Wasser
Salz, Pfeffer

Zubereitung:
1. Steinpilze waschen, in einer Schüssel mit 150 ml heißem Wasser übergießen und für 10 Minuten quellen lassen.
2. Die Bandnudeln nach Packungsanweisung in Salzwasser kochen.
3. Pfifferlinge waschen und putzen. Schalotte schälen und klein hacken.
4. Öl in einer Pfanne erhitzen und die Schalotte darin glasig anbraten. Dann die Pfifferlinge dazugeben und mitdünsten.
5. Die Steinpilze aus dem Wasser nehmen und klein hacken. Den Sud der Steinpilze aufbewahren und beiseitestellen. Die Steinpilze ebenfalls mit in die Pfanne geben und alles für ca. 5 Minuten garen lassen.
6. Währenddessen den Schmand mit 3 EL des Suds verrühren. Die Mischung in die Pfanne geben und gut durchrühren. Alles mit Salz und Pfeffer würzen.
7. Die Pinienkerne in einer Pfanne ohne Öl goldbraun anrösten.
8. Nudeln abgießen und mit der Pilzsoße vermischen.
9. Zum Servieren die Pinienkerne über das Gericht streuen.

KÜRBIS-KOKOS-SUPPE MIT INGWER

Zubereitungszeit: 40 Min.

Zutaten (für 2 Portionen):
400 g Hokkaido-Kürbis
1 kleine Süßkartoffel (ca. 150 g)
200 ml Kokosmilch
250 ml Gemüsebrühe
1 Zwiebel
1 Knoblauchzehe
1 Karotten
2 EL Olivenöl
1/2 TL Paprikapulver (süß)
Kreuzkümmel
Salz, Pfeffer
1/2 TL Chili (optional)
Petersilie, gehackt

Zubereitung:

1. Den Backofen auf 200 °C Ober- und Unterhitze vorheizen.
2. Kürbis waschen, halbieren und die Kerne mit einem Löffel entfernen, anschließend in Viertel schneiden. Die Süßkartoffel mehrmals mit einer Gabel einstechen. Kürbis und Süßkartoffel mit etwas Olivenöl einpinseln und auf ein mit Backpapier ausgelegtes Backblech legen. Etwa 40 Minuten backen, bis die Stücke weich sind.
3. In der Zwischenzeit Zwiebel und Knoblauch schälen und alles fein hacken. Das Öl in einer Pfanne erhitzen und die Zwiebeln darin glasig anbraten. Knoblauch dazugeben und unter Rühren eine weitere Minute mitbraten.
4. Die weiche Süßkartoffel pellen und zusammen mit den weichen Kürbisstücken und den angebratenen Zwiebeln und Knoblauch in einen Topf geben. Die Gewürze hinzugeben, mit Gemüsebrühe und Kokosmilch aufgießen und zum Kochen bringen. Für ca. 10 Minuten köcheln lassen.
5. Nach der Kochzeit die Suppe mit einem Pürierstab im Topf pürieren.
6. Bei Bedarf noch einmal Nachwürzen und mit etwas Petersilie garnieren. Anschließend servieren.

Tipp: *Aus frischen Zutaten sowie Gemüseresten (z. B. Gemüseschalten oder Strünke vom Kohl) kannst du die Gemüsebrühe ganz einfach selber herstellen.*

BROKKOLI-APFEL-SALAT

Zubereitungszeit: 25 Min.

Zutaten (für 2 Portionen):
1 Brokkoli (ca. 250 g)
75 g Äpfel
1/2 Paprika
20 g Sonnenblumenkerne
15 g Olivenöl
1 EL Apfelessig
1/2 EL Honig
1/2 EL Senf
Salz, Pfeffer

Zubereitung:

1. Äpfel und Paprika waschen und entkernen. Brokkoli ebenfalls waschen und die Röschen abtrennen. Nun entweder alles klein raspeln oder in kleine Stücke schneiden.
2. Für das Dressing Olivenöl, Apfelessig, Honig, Senf und Salz und Pfeffer in einem kleinen Gefäß miteinander vermengen und gut verrühren.
3. Alles über den Salat geben ca. eine Viertelstunde ziehen lassen. Vor dem Servieren mit den Sonnenblumenkernen bestreuen.

Tipp: *Wirf den übrig gebliebenen Strunk vom Brokkoli nicht einfach so weg. Daraus lässt sich noch eine leckere Suppe oder eine Creme zubereiten.*

KAROTTENKUCHEN

Zubereitungszeit: 20 + 45 Min. backen

Zutaten (für 12 Kuchenstücke):

300 g Karotten
150 g Vollkornmehl
150 g Mandeln, gemahlen
1 TL Backpulver
4 Eier
150 g Honig oder eine andere Zuckeralternative
175 ml Pflanzenöl
1/2 TL Zimt
1 Prise gemahlene Vanille

Zubereitung:

1. Backofen auf 180 °C Ober- und Unterhitze vorheizen. Die Springform mit etwas Öl einfetten.
2. Die Karotten waschen und fein reiben. Das Mehl mit dem Backpulver, Mandeln, Zimt und einer Prise Vanille vermischen. Die Eier mit dem Honig und dem Öl verquirlen. Anschließend portionsweise die Mehl-Mischung unterrühren. Die Karotten dazugeben und kurz verrühren.
3. Die Masse in die Springform füllen, glatt streichen und für ca. 45 Minuten auf mittlerer Schiene im Ofen backen.
4. Anschließend den Kuchen herausnehmen, abkühlen lassen und vorsichtig aus der Springform lösen.
5. Den Kuchen bis zum Verzehr im Kühlschrank kaltstellen.

ZIMT-APFELKOMPOTT MIT QUARK

Zubereitungszeit: 25 Min.

Zutaten (für 2 Portionen):
100 ml Apfelsaft
1 cm Ingwer
2 Äpfel
1/2 TL Zimt
Anis
125 g Quark
40 g Mandeln, gehackt
1 EL Ahornsirup oder eine andere Zuckeralternative

Zubereitung:
1. Apfelsaft in einem Topf erwärmen. Ingwer hinzufügen und alles für 5-10 Minuten köcheln lassen.
2. Währenddessen die Äpfel waschen, entkernen und in kleine Würfel schneiden. Den Apfelsaft dazugeben, aufkochen und für 5 Minuten bei mittlerer Stufe weiter köcheln lassen. Das Kompott mit Zimt und Anis abschmecken.
3. Den Quark mit dem Ahornsirup mischen. Anschließend in kleine Schälchen füllen und das Kompott über den Quark geben.
4. Vor dem Servieren mit den Mandeln garnieren.

Tipp: *Für mehr Abwechslung kannst du auch einen Apfel und eine Birne zu dem Kompott verarbeiten.*

ISS GUT JETZT!

Du hast nun ein breites Wissen darüber, was eine gesunde und nachhaltige Ernährung ausmacht. Wenn du in deiner Ernährungsweise auf frische und unverarbeitete Lebensmittel setzt, hast du bereits einen großen Schritt in die richtige Richtung gemacht. Der Fokus auf eine pflanzenbasierte Ernährung wirkt sich derweil nicht nur förderlich auf deine Gesundheit, sondern auch auf die Umwelt aus. Auch die Berücksichtigung von Saisonalität und Regionalität der Produkte unterstützt einen gesunden und nachhaltigen Lebensstil. Viele Lebensmittel kannst du sogar ganz leicht selber zu Hause herstellen oder anbauen. Der Verzicht von Plastik und die Reduzierung von Lebensmittelverschwendungen beeinflussen deinen ökologischen Fußabdruck ebenfalls auf positive Art und Weise.

Deine Ernährung hat zudem Auswirkungen auf deine körperliche und mentale Fitness. Deshalb solltest du darauf achten, immer ausreichend Makronährstoffe, Vitamine und Mineralstoffe zu dir zu nehmen. Kombiniere deine Nahrungsmittel aus diesem Grund so abwechslungsreich und vielfältig wie möglich. Zu einer gesunden Ernährung zählt aber auch eine entsprechende Lebensweise. Integriere daher ausreichend Sport und Bewegung, im besten Falle an der frischen Luft sowie Ruhe und Entspannung in deinen Alltag. Damit stärkst du deinen Körper, sodass er die aufgenommenen Nährstoffe besser verwerten kann.

Wir sind davon überzeugt, dass du dich dadurch nicht nur körperlich besser fühlen wirst, sondern auch mental und emotional. Zu wissen, dass man seine eigene Gesundheit in großem Maße selbst in der Hand hat und dabei auch noch die Umwelt schützen kann, gibt einem ein unglaublich gutes Gefühl. Wir wünschen dir viel Erfolg auf deinem Weg zu einer gesunden und nachhaltigen Lebensweise.

GEFÄLLT DIR DAS BUCH?

Liebe Leserin, lieber Leser,

wir möchten ganz herzlich DANKE sagen, dass du unser Ernährungshandbuch gelesen hast. Wir hoffen sehr, dass dieses Buch dich ein wenig inspiriert und deinen Geschmack auf eine gesunde, nachhaltige Ernährung geweckt oder verstärkt hat. Selbst wenn du nur einige wenige der Tipps in deinen Alltag aufnimmst, tust du dir, der Natur und unserem Planeten schon einen großen Gefallen.

Wenn dir *„Nachhaltig lecker“* gefallen hat und du uns unterstützen möchtest, nimm dir doch bitte ein paar Minuten Zeit und hinterlasse eine kurze Bewertung unseres Buches. Vielleicht sind es dann deine Worte, die einen anderen Leser überzeugen und helfen, unsere Zukunft ein bisschen grüner zu machen!

Selbstverständlich freuen wir uns ganz besonders auch über persönliche Rückmeldungen unserer Leser. Wir lernen ständig dazu und sind immer auf der Suche nach neuen Tipps & Ideen. Schick uns deine Fragen, Anmerkungen, Lob oder Kritik am besten direkt per Mail. Wir bemühen uns stets, zeitnah auf alle Nachrichten zu antworten.

✉ *kontakt@headstuff-publishing.de*

Wir wünschen dir einen nachhaltigen Appetit!

Das Team von GreenLeafy

IMPRESSUM

GreenLeafy wird vertreten durch:
Thimo Koenig & Stefanie Böger Publishing GbR
Spatzenweg 2
85591 Vaterstetten
Email: kontakt@headstuff-publishing.de

Lektorat/Korrektorat: Tina Müller, www.tina-mueller.com
Covergestaltung, Layout und Satz: Wolkenart – Marie-Katharina Becker, www.wolkenart.com
Coverbild: ©Shutterstock.com & ©Depositphotos.com

Bibliografische Information der Deutschen Nationalbibliothek
Die Deutsche Nationalbibliothek verzeichnet diese Publikation in der Deutschen Nationalbibliografie; detaillierte bibliografische Daten sind im Internet über http://dnb.d-nb.de abrufbar.

LITERATURVERZEICHNIS

[1] Hennig, Julia-Sarah: Kalorienrechner. Schnell & einfach täglichen Kalorienbedarf berechnen. Online verfügbar unter: https://www.foodspring.de/kalorienrechner, n.A.

[2] Steinhart, Johannes: Kalorienverbrauch - Wie er sich wirklich zusammensetzt. Online verfügbar unter: https://fitness-experts.de/grundlagen/kalorienverbrauch, 2019

[3] DEBInet: Ernährungsinformation - Nährstoffe/Nährstoffdichte. Online verfügbar unter: http://www.ernaehrung.de/tipps/allgemeine_infos/ernaehr12.php, n.A.

[4] Soehnle: Stoffwechsel, Energiebedarf und Gewichtsabnahme. Online verfügbar unter: https://www.soehnle.de/service/glossar/stoffwechsel/, n.A.

[5] Readers Digest: Sind frische Lebensmittel immer gesünder? Online verfügbar unter: https://readersdigest.de/at/gesundheit/diaet-ernaehrung/item/sind-frische-lebensmittel-immer-gesuender, n.A.

[6] PraktischArzt: Ausgewogene Ernährung - wichtige Regeln auf einen Blick. Online verfügbar unter: https://www.praktischarzt.de/ratgeber/ausgewogene-ernaehrung/, n.A.

[7] Thiele, Pascal: Ausgewogene Ernährung: 10 Regeln für den Alltag. Online verfügbar unter: https://utopia.de/ratgeber/ausgewogene-ernaehrung-10-regeln-fuer-den-alltag/, 2019

[8] Deutsche Gesellschaft für Ernährung: Vollwertig essen und trinken nach den 10 Regeln der DGE. Online verfügbar unter: https://www.dge.de/ernaehrungspraxis/vollwertige-ernaehrung/10-regeln-der-dge/, n.A.

[9] Deutsche Diabetes Hilfe: Was ist eine gesunde und ausgewogene Ernährung. Online verfügbar unter: https://www.diabetesde.org/gesunde-ausgewogene-ernaehrung, n.A.

[10] Völkel, Theresa: Clean Eating - bewusst genießen, ohne zu verzichten. Online verfügbar unter: https://www.livingathome.de/kochen-feiern/kuechenwissen/14591-rtkl-clean-eating-bewusst-geniessen-ohne-zu-verzichten, n.A.

[11] Erdmann, Lynn: Gesunde Ernährung - Der umfassende Ratgeber für Clean Eating. Online verfügbar unter: https://upfit.de/coach/ratgeber-gesunde-ernaehrung/, 2020

[12] Fieber, Tanja: Warum viel Zucker ein Problem ist. Online verfügbar unter: https://www.planet-wissen.de/gesellschaft/lebensmittel/zucker/zucker-ernaehrung-ernaehrungsprotokoll-100.html, 2019

[13] Blume, Patrick: Warum viele Genussmittel eine Gefahr fürs Herz sind. Online verfügbar unter: https://www.geo.de/wissen/ernaehrung/21632-rtkl-alkohol-suesses-und-co-warum-viele-genussmittel-eine-gefahr-fuers-herz, n.A.

[14] med-hh: WHO empfiehlt maximal 6 Teelöffel Zucker pro Tag. Online verfügbar unter: https://www.med-hh.de/2-1-1189-WHO-empfiehlt-maximal-6-Teelöffel-Zucker-pro-Tag.html, n.A.

[15] dpa: Wie ungesund sind Fleisch und Wurst? Online verfügbar unter: https://www.zeit.de/news/2020-01/22/wie-ungesund-sind-fleisch-und-wurst

[16] Friedensteller: Saisonalität: Essen im Rhythmus der Natur. Online verfügbar unter: https://friedensteller.de/storys/saisonalitaet-essen-im-rhythmus-der-natur/, n.A.

[17] Health Rise: Gesund essen durch Saisonalität und Regionalität. Online verfügbar unter: https://www.health-rise.de/saisonalitaet/, 2020

[18] Scherff, Victoria: 7 Selbstversorgungs-Tipss, die jede*r umsetzen kann. Online verfügbar unter: https://utopia.de/ratgeber/selbstversorgung-tipps/, 2020

[19] Scherff, Victoria: Sprossen ziehen: So gelingt es. Online verfügbar unter: https://utopia.de/ratgeber/sprossen-ziehen-anleitung/, 2016

[20] Melissa: Regrowing: Das Nachwachsenlassen von Gemüseresten. Online verfügbar unter: https://www.plantura.garden/gruenes-leben/regrowing-das-nachwachsenlassen-von-gemueseresten, n.A.

[21] Loch, Christiane: Bio Siegel Vergleich - Was unterscheidet Bio von Bio. Online verfügbar unter: http://www.asta.th-koeln.de/wp-content/uploads/2015/02/Biosiegel-Vergleich1.pdf, n.A.

[22] Nagel, Lisa: Die wichtigsten Bio-Siegel im Überblick. Online verfügbar unter: https://eatsmarter.de/ernaehrung/news/bio-siegel, 2020

[23] Naturland e.V.: Naturland Richtlinien. Online verfügbar unter: https://naturland.de/de/naturland/richtlinien.html

[24] Dörte: Demeter: Alles rund um das Bio-Siegel. Online verfügbar unter: https://www.otto.de/reblog/gesund-gesuender-demeter_biosiegel_einkaufen_landwirtschaft-12697/#landwirtschaft, 2019

[25] Utopia: Das Bioland-Siegel. Online verfügbar unter: https://utopia.de/siegel/bioland/, 2019

[26] Winterer, Andreas: Fairtrade-Siege: das Siegel für fairen Handel. Online verfügbar unter: https://utopia.de/siegel/fairtrade-siegel-bedeutung-kritik/, 2016

[27] Zentrum der Gesundheit: Sechs überzeugende Argumente, weniger Fleisch zu essen. Online verfügbar unter: https://www.zentrum-der-gesundheit.de/artikel/fleisch-ungesund/argumente-gegen-fleisch-ia, n.A.

[28] PetaKids: 5 Gründe, warum tierische Produkte unserer Umwelt schaden. Online verfügbar unter: https://www.petakids.de/tierische-produkte-umwelt, n.A.

[29] smarticular: Plastikfrei leben: 7 einfache Prinzipien für ein Leben ohne Plastik. Online verfügbar unter: https://www.smarticular.net/plastikfrei-leben/, n.A.

[30] Verbraucherzentrale: Kann man Leitungswasser trinken? Online verfügbar unter: https://www.verbraucherzentrale.de/wissen/umwelt-haushalt/wasser/kann-man-leitungswasser-trinken-34836, 2020

[31] smarticular: Plastikfrei-ABC: Plastikfreie Alternativen im Alltag. Online verfügbar unter: https://www.smarticular.net/plastikfreie-alternativen-tipps-ohne-plastikverpackung-leben/, n.A.

[32] Schulz, Christoph: Lebensmittelverschwendung reduzieren - Fakten, Auswirkungen & Tipps. Online verfügbar unter: https://www.careelite.de/lebensmittelverschwendung-reduzieren-fakten-folgen-tipps/, 2018

[33] eatsmarter: Warenkunde. Online verfügbar unter: https://eatsmarter.de/lexikon/warenkunde/, 2020

[34] Meister, Lisa: 5 Gründe: Darum sind Äpfel so gesund. Online verfügbar unter: https://eatsmarter.de/ernaehrung/wie-gesund-ist/apfel-kalorien-und-naehrwerte, 2020

[35] Herzner, Simone: Was sind eigentlich Eiweiße? Online verfügbar unter: https://www.apotheken-umschau.de/eiweiss, 2015

[36] Gesundheitsverband: Krank durch viel tierisches Eiweiß? Online verfügbar unter: https://www.gesundheitsverband.net/saeure-basen-mineralstoffe/die-3-saeulen-der-basen-balance/ernaehrung/krank-durch-viel-tierisches, n.A.

[37] Gerbeth, Julia: 5 Gründe: Darum ist Tofu gesund. Online verfügbar unter: https://eatsmarter.de/ernaehrung/wie-gesund-ist/tofu-kalorien-und-naehrwerte, 2019

[38] Fütterer, Elina: Linsen: Stark, schön und gesund mit der vielseitigen Hülsenfrucht. Online verfügbar unter: https://www.fitforfun.de/abnehmen/linsen-her-mit-dem-eiweiss-212100.html, 2019

[39] Fütterer, Elina: Kichererbsen: Das macht die kleinen Alleskönner so gesund. Online verfügbar unter: https://www.fitforfun.de/abnehmen/wertvolle-huelsenfrucht-kichererbsen-lecker-und-gesund-212606.html, 2020

[40] Voltermann, Alisa: Quinoa - das gesunde Superfood. Online verfügbar unter: https://www.foodspring.de/magazine/quinoa, n.A.

[41] Kristina: Warum Dinkelmehl gesund ist. Online verfügbar unter: https://gutemehle.info/dinkelmehl-gesund/, n.A.

[42] Kinau, Solveig: Proteinreiche Lebensmittel: Die Top 20. Online verfügbar unter: https://eatsmarter.de/ernaehrung/gesund-ernaehren/proteinreiche-lebensmittel-die-top-20, 2020

[43] Schümann, Lara: 6 Gründe: Darum sind Erdnüsse gesund. Online verfügbar unter: https://eatsmarter.de/ernaehrung/wie-gesund-ist/erdnuss, 2020

[44] Reketat, Annika: Cashewkerne: Was du über Cashews wissen solltest. Online verfügbar unter: https://utopia.de/ratgeber/cashewkerne-was-du-ueber-cashews-wissen-solltest/, 2020

[45] Focus: Fakt eins: Eier liefern das beste Eiweiß. Online verfügbar unter: https://www.focus.de/gesundheit/ernaehrung/geniessen/tid-22038/cholesterin-fakt-eins-eier-liefern-das-beste-eiweiss_aid_620192.html, n.A.

[46] artgerecht: Welche Fette sind gesund für uns Menschen? Eine artgerechte Sicht auf das Thema Fett. Online verfügbar unter: https://artgerecht.com/magazin/welche-fette-sind-gesund, n.A.

[47] Özdemir, Erdim: Omega-3- und Omega-6-Fettsäuren - die gesunden Fette. Online verfügbar unter: https://www.cerascreen.de/blogs/gesundheitsportal/omega-3-und-omega-6-fettsauren, 2019

[48] FitundGesund: 10 gute Gründe, warum man täglich grünes Blattgemüse essen sollte. Online verfügbar unter: https://www.fitundgesund.at/gruenes-blattgemuese-essen-artikel-2600, 2016

[49] Naumann, Martina: Distelöl: Wirkung und Anwendung für Küche, Haut und Haare. Online verfügbar unter: https://utopia.de/ratgeber/disteloel-wirkung-und-anwendung-fuer-kueche-haut-und-haare/, 2018

[50] Ölerin: Maiskeimöl. Online verfügbar unter: https://oelerini.com/maiskeimoel, n.A.

[51] Eatsmarter: Wie lange sind Eier haltbar? Online verfügbar unter: https://eatsmarter.de/ernaehrung/gesund-ernaehren/wie-lange-sind-eier-haltbar, 2019

[52] Reinking, Natalie; Spitzner, Sarah: Wie gesund ist Milch? Online verfügbar unter: https://www.daserste.de/information/wissen-kultur/w-wie-wissen/sendung/2009/wie-gesund-ist-milch-102.html, 2014

[53] Herzner, Simone: Was sind eigentlich Kohlenhydrate? Online verfügbar unter: https://www.apotheken-umschau.de/kohlenhydrate, 2015

[54] FürSie: Gute und schlechte Kohlenhydrate. Online verfügbar unter: https://www.fuersie.de/gesundheit/abnehmen/artikel/gute-und-schlechte-kohlenhydrate, 2020

[55] Rau, Luise: Sind Kartoffeln gesund? Kohlenhydrate, Kalorien und weitere Nährwerte. Online verfügbar unter: https://utopia.de/ratgeber/sind-kartoffeln-gesund-kohlenhydrate-kalorien-und-weitere-naehrwerte/, 2019

[56] Paul, Lena: Resistente Stärke - So einfach reduzierst du Kohlenhydrate in Kartoffeln, Nudeln und Reis. Online verfügbar unter: https://upfit.de/coach/resistente-staerke/, 2020

[57] Böker, Valerie: Naturreis: Darum ist brauner Reis so gesund. Online verfügbar unter: https://www.fitforfun.de/abnehmen/gesund-essen/naturreis-brauner-reis-ist-gesuender-als-weisser_aid_9674.html, n.A.

[58] Schmidt-Prange, Kathleen: 5 kohlenhydratreiche Lebensmittel, die beim Abnehmen helfen. Online verfügbar unter: https://www.womenshealth.de/abnehmen/ernaehrungstipps/gesunde-kohlenhydrate-zum-abnehmen/, 2017

[59] gesundheit.gv.at: Vitamine & Mineralstoffe. Online verfügbar unter: https://www.gesundheit.gv.at/leben/ernaehrung/info/vitamine-mineralstoffe/inhalt, n.A.

[60] FETeV: Nüsse, Kerne, Samen: Kleine Nährstoffgiganten. Online verfügbar unter: https://fet-ev.eu/nuesse-kerne-samen/, 2019

[61] Gerbeth, Julia: 5 gründe: Darum sind Haselnüsse gesund. Online verfügbar unter: https://eatsmarter.de/ernaehrung/wie-gesund-ist/haselnuss-kalorien-und-naehrwerte, 2019

[62] Eatsmarter: Warum Hanfsamen so gesund sind. Online verfügbar unter: https://eatsmarter.de/ernaehrung/gesunde-lebensmittel/warum-hanfsamen-so-gesund-sind, 2018

[63] Verbraucherzentrale: Superfood: Diese Alternativen sind gesund und günstig. Online verfügbar unter: https://www.verbraucherzentrale.de/wissen/lebensmittel/gesund-ernaehren/superfood-diese-alternativen-sind-gesund-und-guenstig-28021, 2019

[64] Frey, Hannah: Chia-Samen, Leinsamen und Flohsamenschalen im Vergleich. Online verfügbar unter: https://www.projekt-gesund-leben.de/2014/01/chia-samen-und-leinsamen-im-vergleich/, 2014

[65] smarticular: Regionale Alternativen zu populären Superfoods. Online verfügbar unter: https://www.smarticular.net/regionale-alternativen-zu-populaeren-superfoods/, n.A.

[66] Frey, Hannah: Exotische vs. heimische Superfoods - Regionale Alternativen. Online verfügbar unter: https://www.projekt-gesund-leben.de/2016/07/exotische-vs-heimische-superfoods-regionale-alternativen/, 2016

[67] Frey, Hannah: Zuckeralternativen: Agavendicksaft, Kokosblütenzucker, Stevia, Xylit und Co. unter der Lupe. Online verfügbar unter: https://www.projekt-gesund-leben.de/2014/08/zuckeralternativen-agavensirup-kokosbluetenzucker-stevia/, 2014

[68] Seana: Glückshormone: Warum Sport fröhlich macht. Online verfügbar unter: https://www.freeletics.com/de/blog/posts/gluckshormone-warum-sport-frohlich-macht/, 2014

[69] Gutknecht, Lisa: Meditieren lernen: Was Meditation bringt und wie du anfängst. Online verfügbar unter: https://www.fitforfun.de/gesundheit/meditation-ruhe-da-oben_aid_13541.html, 2019

[70] Gerstmann, Jörg: Entspannen mit Bauchatmung. Online verfügbar unter: https://www.personalfitness.de/lifestyle/399, 2019

[71] Hellmund, Larissa: Für die Gesundheit: 6 gute Gründe, mehr Zeit an der frischen Luft zu verbringen. Online verfügbar unter: https://www.fitforfun.de/news/fuer-die-gesundheit-6-gute-gruende-mehr-zeit-an-der-frischen-luft-zu-verbringen-372351.html, 2020

[72] Giger, Jana: Darum ist Bewegung an der frischen Luft so gesund. Online verfügbar unter: https://www.schweizer-illustrierte.ch/body-health/health/darum-ist-bewegung-der-frischen-luft-so-gesund, 2020

[73] kompass.de: 10 Gründe, regelmäßig in die Natur zu gehen. Online verfügbar unter: https://www.kompass.de/magazin/ratgeber/10-gruende-regelmaessig-in-die-natur-zu-gehen/, n.A.

[74] Laufvernarrt: Achtsam essen - so lernst du es. Online verfügbar unter: https://laufvernarrt.de/achtsam-essen-lernen/, 2019

Printed in Poland
by Amazon Fulfillment
Poland Sp. z o.o., Wrocław

75050733R00089